PARADIGMES DU DÉVELOPPEMENT

Quels systèmes et approches pour l'Afrique ?

AMADOU NDIAYE

PARADIGMES DU DÉVELOPPEMENT

Quels systèmes et approches pour l'Afrique ?

L'Harmattan

5-7, rue de l'École-Polytechnique ; 75005 Paris

http://www.librairieharmattan.com
diffusion.harmattan@wanadoo.fr
harmattan1@wanadoo.fr

ISBN : 978-2-343-07740-6
EAN : 9782343077406

ACP :	Afrique Caraïbe Pacifique
AdE :	Activité d'Éducation
AdP :	Activité de Production
AGOA :	African Growth and Opportunity Act
AGR :	Activités génératrices de Revenus
AIO :	Appui Infrastructurel et Organisationnel
ANCAR :	Agence Nationale de Conseil agricole et rural
APD :	Accord de Partenariat pour le développement
ASC :	Association Sportive et Culturelle
AVD :	Association Villageoise de Développement
BIP :	Baromètre des Inégalités de Pauvreté
BIT :	Bureau International du Travail
CEDEAO :	Communauté Économique pour le Développement de l'Afrique Occidentale
CEE :	Communauté Économique Européenne
CEPAL :	Commission économique pour l'Amérique latine
CLCOP :	Cadre Local de Concertation des Organisations de Producteurs
CNCAS :	Caisse Nationale de Crédit Agricole
CNUCED :	Conférence de Nations unies pour le Commerce et le Développement
DP :	Diagnostic Participatif
GATT :	General Agreement on Tariffs and Trade
GIE :	Groupement d'Intérêt Économique
GPF :	Groupement de Promotion Féminine
IBNB :	Indice de Bonheur National Brute
IDH :	Indice de développement humain
IEC :	Information Éducation Communication

IPH :	Indicateur de pauvreté humain
ISDH :	Indicateur Sexospécifique du développement humain
ISC :	Information, Sensibilisation et Communication
ISI :	Industrialisation de Substitution aux Importations
ISRA :	Institut sénégalais des recherches agricoles
JICA :	Coopération internationale du Japon
NEPAD :	Nouveau Partenariat pour le Développement de l'Afrique
N.e. :	Non édité
OCB :	Organisations communautaires de Base
OCDE :	Organisation pour la Coopération et le Développement Économique
OMC :	Organisation mondiale du Commerce
OMD :	Objectifs du Millénaire pour le Développement
ONG :	Organisation Non Gouvernementale
OP :	Organisation de Producteurs
PAS :	Politiques d'Ajustement structurel
PED :	Pays en Voie de Développement
PIB :	Produit Intérieur Brut
PMI/PME :	Petite et Moyenne Industrie/Petite et Moyenne Entreprise
PNUE :	Programme des Nations unies Pour l'Environnement
UEMOA :	Union Économique et Monétaire Ouest Africaine
UMA :	Union du Maghreb Arabe
UNESCO :	Organisation des Nations unies pour l'Éducation, la Science et la Culture
URSS :	Union des républiques socialistes soviétiques
USA :	United States of America
USAID :	United States Agency for International Development

PRÉFACE

Dans le contexte actuel de remise en question des clivages traditionnels particulièrement les mythes d'un marché qui gouvernerait le monde, de renouveau théorique et de recherche d'un nouveau discours sur l'économie du développement, l'ouvrage d'Amadou Ndiaye apporte une contribution importante au débat sur les paradigmes du développement. Il effectue d'abord un cadrage théorique suivi de quelques repères inspirés d'une brève histoire de la pensée économique pour mieux camper le sujet. Dans le fatras des auteurs, il a opéré des choix de théories explicatives du développement et de la croissance, en fait une appréciation générale sur le niveau moyen de la littérature consacrée au développement de l'École classique jusqu'aux auteurs contemporains tels que Singer, Rostow, Kindleberger, Lewis, Hirschman, Prebisch, Myrdal, Nurske, Perroux, etc. Il y a eu particulièrement l'apport de qualité d'économistes marxisants notamment, l'École de la CEPAL, H. Cardoso, C. Furtado, Gunder Frank, A. Emmanuel, Samir Amin, Hakim Ben Hammouda, Makandanwiré, Mactar Diouf, etc.

Dans ce débat, les apports des économistes africains au Sud du Sahara sont énormes comme souligné lors du Colloque de Ouagadougou de 2001 (Repenser Bretton Woods : les réponses africaines), et celui de la CEDEAO de 2010 (Sortir du sous-développement : quelles alternatives). Ces deux Colloques ont réuni chacun plus de 500 économistes du continent et de la diaspora et les résultats ont été publiés. Comme l'observe l'auteur, les controverses sont loin d'être épuisées ; elles se prolongent dans le paradigme de l'émergence qui est devenu, aujourd'hui, un référent que l'on utilise de façon abusive sans en connaître ni la grammaire ni la substance, en conséquence on le fétichise. Il faut questionner la notion, au-delà de la logique financière qui a présidé à sa genèse pour s'apercevoir, tout comme la mondialisation, qu'elle est à la fois un concept flou, polysémique, galvaudé et érigé comme référent pour le développement. Il se définit comme l'élaboration d'une vision stratégique globale et l'adoption de politiques publiques pertinentes et efficaces qui rendent la croissance soutenable et durable. Au-delà des incantations, pour arriver à l'émergence, il faut un État fort, démocratique, actif et capable d'impulser et d'organiser la société, de créer des externalités positives au niveau des infrastructures de base (routes, énergie, école, assainissement, etc.), de guider et coordonner les politiques sectorielles (industrielles, agricoles et des services technologiques et financiers pour accroître l'offre de production), d'encadrer les institutions de financement du développement, de promouvoir, appuyer et associer le secteur privé, de défendre un patriotisme économique clairvoyant et enfin de mettre en œuvre une politique sociale qui, au-delà de la justice sociale et de l'égalité des chances, se fixe de combattre le triple fléau du chômage, de la pauvreté et de la précarité. Ce concept n'a pris son envol que dans les médias mais pas encore solidifié dans la littérature économique.

Un autre acquis de cet ouvrage est l'approfondissement du paradigme du développement en tant que résultat et processus, ce qui permet à l'auteur de sortir de l'univers de la théorie pour s'intéresser à celui de la praxis avec comme champ d'application le développement à la base et plus précisément la conduite de développement dans la vallée du fleuve Sénégal.

Cette connexion entre la théorie (le développement) et la praxis (la politique économique et sociale particulièrement dans le secteur agricole) m'a enflammé[1]. *En effet, j'ai enseigné l'Économie du Développement à plusieurs générations d'étudiants depuis une quarantaine d'années. L'évolution de cette discipline économique n'a pas été un fleuve tranquille de sa phase ascendante, à son rejet brutal et, aujourd'hui à sa réhabilitation. Le référentiel théorique, les méthodologies d'approche des questions, les stratégies et politiques économiques et mêmes les instruments et techniques d'évaluation ont souvent varié et je les ai toujours diversement appréciés au gré de mes propres convictions et certitudes d'économiste engagé. J'ai plusieurs fois envisagé de systématiser les polycopies et notes de cours de mes étudiants en un ouvrage. Deux événements m'en ont dissuadé. Le premier est la montée, à la fin des années 70, des Programmes d'Ajustement Structurel (PAS) à l'élaboration desquels mon ami Eliot Berg*[2] *avait généreusement voulu m'associer. C'était le temps d'un intégrisme idéologique où les conceptions néolibérales dominantes se proposaient de construire le capitalisme sans les capitalistes locaux avec un aveuglement et un entêtement presque déments. Le second événement, presque concomitant au premier, était la chute, au début des années 90, du socialisme réel en Europe de l'Est au moment où j'avais initié une évaluation critique et opéré une rupture avec certaines visions de l'orthodoxie marxiste qui était un autre intégrisme, celui stalinien*[3] *avec un dogmatisme qui a conduit au fatalisme*

---

1 Moustapha Kassé : *L'État, le banquier et le technicien face au monde rural*, NEA, 1996

2 Il avait la mission d'élaborer pour la Banque mondiale des contre-propositions au Plan de Lagos. Il a alors produit le Rapport qui deviendra le justificatif des Programmes d'Ajustement Structurel : *« Le développement accéléré en Afrique au Sud du Sahara-Programme indicatif d'action ».*

3 Moustapha Kassé : *Du sous-développement au socialisme : la problématique de la transition dans les formations sociales précapitalistes,* Éditions Panafrika-Silex, Paris 1988, 277 pages.

historique, a un économisme simplificateur et à la spontanéité.

Durant ces deux moments et suite à son âge d'or, l'Économie politique va connaître des années noires : après trente années de certitude, l'ère des incertitudes s'est ouverte et comme l'observait Gueldan, « On ne sait plus prévoir, on ne sait plus agir, on ne sait plus interpréter. Crise de la prévision, tout d'abord face aux fluctuations spectaculaires et erratiques des marchés et des monnaies... Crise de la politique économique, ensuite, face, à la pauvreté, au chômage, à la précarité et aux désordres monétaires... Crise de la pensée économique, enfin : s'il y a crise de la politique économique, c'est que l'on ne sait plus très bien analyser ce qui se passe, si l'on ne sait plus quoi faire, c'est que l'on ne sait plus lire. »[4]

L'Économie du Développement était quasiment vouée aux gémonies par la domination écrasante de la pensée néoclassique[5] *et la prééminence de sa vision, de ses méthodes et de ses politiques. L'expérience nous apprend que lorsqu'une théorie est dans sa phase ascendante, elle ne supporte ni contestation, ni réfutation, ni falsifiabilité pour prendre les mots de K. Popper*[6]*. C'était le cas du discours dominant porté par les Institutions Financières internationales (FMI, Banque mondiale et GATT) devenues les « maîtres à penser » de type nouveau, gardiennes d'une épure décrétée « infaillible » et défendue avec acharnement par une armada de fonctionnaires qui s'appuient sur les services d'universitaires prestigieux, appartenant à*

---

4 A. Geledan : *Histoire des pensées économiques*, Édit. Sirey, 1988

5 Il est vrai que l'on confond sans nuance et à tort l'économie néoclassique à la pensée libérale ou ultralibérale. Des précisions doivent être apportées en étudiant les articulations de l'analyse économique néo-classique.

6 Moustapha Kassé : *La Science économique et sa méthodologie*, Dakar, L'Harmattan Sénégal, 2010, 265 pages

l'univers des fameux Nobel. L'épure ne souffre ni controverses ni compétition des méthodes et des réponses.[7] *Dès lors, la politique économique, comme le veut la théorie de l'agence, va se jouer à deux : les Institutions Financières Internationales d'un côté et les Gouvernements africains de l'autre. Les premiers sont tantôt professeurs, médecins et gendarmes et les seconds sont les sujets, il leur est demandé d'appliquer les recettes tout en étant seuls comptables des résultats.*

L'Économie politique érigée en science économique est réduite à 10 énoncés sensés « irréfutables » et justifiés par les économistes néoclassiques (gardiens du dogme) en une dizaine de propositions :

1) la mondialisation est la voie inéluctable du bien-être ;

2) l'intervention publique est moins efficace que celle du privé ;

3) la primauté de l'économie sur le politique ;

4) l'impératif de l'ouverture extérieure pour un commerce sans entrave ;

5) la baisse des taux d'intérêt pour faciliter la croissance ;

6) l'indispensable éradication de l'inflation ;

7) le combat acharné contre les déficits publics réputés nuisibles ;

8) la baisse de l'impôt des sociétés condition sine qua non de la venue massive des IDE ;

[7] L'efficacité des PAS ont fait l'objet de sévères critiques au sein même de la littérature orthodoxe. L'argument essentiel formulé par des auteurs comme Killil, Dornbusch, Taylor et Fishlow, est que les PAS ont souvent eu pour effet d'aggraver les problèmes qu'ils sont supposés résoudre, ou de créer de sérieux effets secondaires indésirables. Les économistes les moins orthodoxes ont été les plus virulents dans leurs critiques.

9) la suppression de la législation protectrice du travail et du salaire minimum et

10) l'apologie de l'Asie qui est la dernière frontière du monde.

Avec ce poncif, la science économique est transformée en une sorte de scolastique savamment habillée de brillance par des modèles quantitatifs qui ont réponse à tout. Des moyens énormes sont déployés par les parrains de tous bords pour assurer la diffusion de cette pensée unique à l'échelle des universitaires et chercheurs.

Au bout de vingt ans d'application des Programmes d'Ajustement (PAS), mon ami Eliot Berg est revenu m'inviter à la restitution d'une recherche initiée par l'US-AID intitulée « L'Ajustement ajourné *»*[8]*. Quel énorme aveu d'échec : comme le note le proverbe Wolof « le fétu de paille est resté un quart de siècle dans le marigot, mais il ne s'est point transformé en caïman ». À l'épreuve, ces politiques d'ajustement ont échoué dans ce qui était leur objectif principal : l'instauration d'un processus vertueux et irréversible de croissance économique. Les faibles performances des politiques économiques issues du* Consensus de Washington *résultent, comme le remarque J. E. Stiglitz*[9]*, de la confusion des moyens avec les fins : la libéralisation, la recherche des grands équilibres, les privatisations sont prises comme des fins plutôt que comme des moyens d'une croissance durable, équitable et*

---

8 Eliot BERG *: L'Ajustement ajourné*, Conférence patronnée par l'US-AID Sénégal 1998.

9 Dans ses deux ouvrages qui ont suivi sa sortie de la Banque mondiale en 2000 (La grande désillusion en 2002 et Un autre monde : contre le fanatisme du marché 2006), il a mis à la disposition de la communauté des économistes des analyses pénétrantes sur l'architecture de l'économie mondiale et la faillite de la gouvernance économique mondiale que devraient réaliser les institutions financières internationales.

démocratique. Ensuite, elles se sont beaucoup trop focalisées sur la stabilité des prix plutôt que la croissance et la stabilité de la production. En outre, elles n'ont pas su reconnaître que le renforcement des institutions financières est aussi important pour la stabilité économique que la maîtrise des déficits budgétaires et de la masse monétaire. Enfin, elles se sont concentrées sur les privatisations, mais n'ont guère attaché la moindre importance à l'infrastructure institutionnelle nécessaire au bon fonctionnement des marchés, et particulièrement à la compétitivité.

Face à cette situation, les PAS ont été abandonnés en catimini et, sans autre forme de procès, remplacés par les Stratégies de Réduction de la Pauvreté qui ont tenté désespérément d'en conserver la substance. Conséquemment, les querelles doctrinales vont progressivement s'estomper cela d'autant plus que les couches intellectuelles protectrices désertent l'édifice ou ne le défendent plus avec l'acharnement du début. Certains courants de pensée économique parmi les plus conservateurs perçoivent la nécessité de réhabiliter l'Économie du développement. « La fille aux mauvaises fréquentations » devient estimable et fréquentable. Le chemin de cette réhabilitation passe par la réconciliation entre la croissance économique et le développement social auquel le Programme des Nations Unies pour le Développement a donné ses lettres de noblesse en créant le concept du Développement Humain Durable (DHD). Le projet fut confié à l'économiste pakistanais Mahbub Ul Haq qui a longtemps séjourné à la Banque mondiale. Pour la première fois un Rapport international va se référer aux auteurs classiques et bâtir son argumentaire sur Kant, Quesnay, A. Smith, Ricardo, Marx, Mill et reconnaître que les individus ne sauraient être réduits à la seule dimension de « l'homo economicus ». Progressivement, le PNUD marque sa rupture d'avec la vision de la Banque mondiale. Alors, il va s'en suivre un bouillonnement et un regain d'intérêt pour les théories du développement. Le développement qui représente une transformation de la société, le passage de relations traditionnelles, de modes de pensée traditionnels, de façons traditionnelles de traiter la santé et l'éducation, de méthodes traditionnelles de production, vers des approches plus « modernes ».

J'ai donc trouvé qu'il est devenu alors plus opportun et important de rédiger et publier un ouvrage d'économie du développement notamment avec des références à l'Afrique dont tout le monde souhaite qu'elle « Retrouve sa place dans le 21ème siècle »[10]. En effet, depuis la fin des années 90, le mépris vis-à-vis de l'Économie du Développement n'est plus de mise du fait que le développement se trouve au cœur de vives controverses et bénéficie de notables avancées avec les nouvelles théories de la croissance endogène, celles des institutions, les approches de l'information imparfaite et les échecs de la macroéconomie de l'ajustement structurel (impertinence théorique et défaut de performance des politiques).[11] C'est cela qui explique, sans doute, le foisonnement des Manuels d'Économie du Développement : « les Dévelops » n'occupent plus une position inférieure dans l'échelle des valeurs de la tribu des

---

[10] Moustapha Kassé : *Économie du Développement. Références africaines…*

[11] R.Boyer : L'année de la Régulation : *« Qu'on en juge : la théorie de l'information imparfaite et des contrats (principal/agence,* Stiglitz, 1987), alimente la réflexion sur des caractéristiques essentielles d'une économie rurale (Bardhan, 1989). Les externalités associées aux problèmes de coordination suscitent des formalisations traitant aussi bien de la croissance endogène (Lucas, 1993) que de la multiplicité des équilibres lorsque les préférences et les stratégies sont interdépendantes (Holf et Stiglitz, 2001), les travaux de D.North, Rodrick, Hausmann etc. ».Les analyses des économistes progressistes et marxistes sont désormais portés presque sur les fonts baptismaux (Samir Amin, Emmanuel, Gunder Franck etc.)

Économistes (Prenab Bardhan, 2001)[12]*. Enfin, « mille écoles peuvent maintenant rivaliser » sans complexe ni culpabilisation. Cet ouvrage participe à ce renouveau des analyses du développement économique aussi bien au niveau conceptuel que méthodologique. Les chercheurs, les étudiants comme les simples citoyens peuvent y trouver selon le vœu même de l'auteur des matériaux de débat.*

Pr Moustapha Kassé
Économiste

[12] Pendant longtemps, l'Économie du Développement revêtait une importance secondaire comme l'illustre ce propos de Axel Leijonhufvud (1973) *«La caste des prêtres, les Maths-Écons, appartient à une sphère supérieure à la fois aux Micro ou Macro, tandis que les Dévelops occupent clairement une position encore inférieure. Cela tient au fait qu'ils n'ont pas strictement respecté les tabous interdisant l'association avec les Polscis, Sociogs et autres tribus. Les autres Écons les regardent avec suspicion, car ils mettent en danger la fibre morale de la tribu et ils soupçonnent même les Dévelops de renoncer à la modélisation.»*

INTRODUCTION

Depuis que le Président Truman des USA a, dans son appel en 1948 à la tribune des Nations unies, demandé aux pays riches d'aider les nations pauvres, les premières théories du développement ont émergé des sciences sociales. Pour beaucoup de ces théories, le développement consistait à aider les peuples non occidentaux, à progresser. Le progrès s'est, rapidement, invité dans la notion de développement. En effet, la croissance économique performante et durable dans un système de production n'est obtenue que grâce au progrès des technologies. Ainsi, les premières théories du développement ont été d'emblée dominées par des paradigmes mettant la technologie au service de l'économie même si François Perroux y a introduit une dimension sociale. Il définit le développement comme la *« combinaison des changements mentaux et sociaux d'une population qui la rendent apte à accroître cumulativement et durablement son produit réel global »*[13].

Par ailleurs, le progrès a permis de placer la notion de développement au cœur de la problématique articulant secteur traditionnel (à dominante agricole et rurale) et secteur moderne (à dominante urbaine et industrielle). Ainsi, à partir du progrès, une approche fonctionnaliste et comparatiste des sociétés va faire naître des théories de la modernisation. Elles font une dichotomie fondamentale entre sociétés traditionnelles artisanales, d'une part, et sociétés modernes industrielles, d'autre part. Cette dichotomie fut présentée comme un fondement conceptuel

---

13 http://www.memoireonline.com/05/12/5895/La-problematique-de-laide-financiere-internationale-dans-le-developpement-des-etats-du-tiers-m.html

de la distinction entre « sous-développement » et « développement ». Il était alors clair que le destin naturel des sociétés « sous-développées » était de devenir « développées ». En effet, d'une manière générale, l'école américaine dans ses différentes composantes voyait le développement comme un processus universel, caractérisé par une série d'étapes par lesquelles doivent nécessairement passer toutes les nations et sociétés[14].

L'influent sociologue de la modernisation S. N. Eisenstadt, cité par Peemans, a été, on ne peut plus explicite à cet égard : *« historiquement, la modernisation est le processus de changement vers ces types de systèmes sociaux, économiques et politiques qui se sont développés en Europe occidentale et en Amérique du Nord du XVIIe au XIXe siècle, et qui se sont étendus ensuite aux autres pays européens, puis aux XIXe et XXe siècles à l'Amérique du Sud, à l'Asie et à l'Afrique ».* Fondamentalement, les théories de la modernisation étaient basées sur **une approche à trois niveaux** : le point de départ (le prémoderne), le processus de modernisation et le point d'arrivée (la modernité). Le développement apparaît ici comme un résultat à atteindre pour les pays non occidentaux.

Alors le développement est-il un concept occidental ? Est-ce une forme de poursuite de l'impérialisme par le truchement du « projet occidental » ? En tout cas, depuis la prise de conscience de la finitude du monde (questions environnementales), de l'équité sociale (questions humaines) le progrès technologique ne serait plus sans dérives. La mise en œuvre du projet occidental du développement basé

---

14 PEEMANS, Jean Philippe (2002). *Le développement des peuples face à la modernisation du monde : essai sur les rapports entre l'évolution des théories du développement et les histoires du « développement réel » dans la seconde moitié du XX siècle.* Louvain la neuve/Paris : Académia-Bruylant /L'Harmattan.

sur l'économie et la technologie a révélé ses insuffisances. Alors, existe-t-il d'autres « projets de développement » ?

Il peut être admis que fondamentalement, chaque société construit un système dynamique d'amélioration de la vie individuelle et collective. Pour garantir le bien-être physique et mental durable des individus et collectivités, il est possible de supposer que ce système repose sur :

- la garantie d'un niveau minimum de consommation (assimilation et évacuation) alimentaire et non alimentaire, et d'intégrité physique individuelle,

- le minimum d'organisation de la vie sociopolitique garantissant la sûreté et la sécurité collective ainsi que la relative bonne participation de chaque acteur à celle-ci,

- le minimum de compétences (savoir, savoir-faire et savoir-être) et de croyances exprimées respectivement à travers des pratiques techniques et cultuelles.

Mais comment cerner et comprendre ce système d'amélioration de la qualité de vie ? Quels en sont les paradigmes, les systèmes et les approches fondamentales ?

Cet ouvrage tente une analyse scientifique de ces questions sans prétendre les épuiser. Il effectue d'abord un cadrage théorique qui est suivi de quelques repères inspirés d'un bref historique de la pensée économique pour mieux camper le sujet. Une revue des théories du développement est présentée dans la deuxième partie de l'ouvrage. Quelques résultats et adaptations des politiques de développement sont présentés dans la troisième partie intitulée accomplissements et accommodations. Enfin, à partir des pratiques de terrain, le travail aborde le développement en termes de processus et de résultats, avant d'être caractérisé, à travers les concepts de systèmes et d'approches.

Il semble qu'historiquement le terme de « pays sous-développé » soit apparu un peu avant celui de « développement ». Depuis 1959, le géographe Yves Lacoste[15] définit ces pays par une critériométrie qui apparaissait comme contraire à ce que l'on pourrait appeler la norme.

D'une manière générale, le développement était vu comme un processus universel caractérisé par une série d'étapes par lesquelles doivent passer, nécessairement, toutes les nations et sociétés[16]. Il était dès lors clair que le destin naturel des sociétés « sous-développées » était de devenir « développées », en modernisant le secteur traditionnel.

LE DÉVELOPPEMENT ÉCONOMIQUE DES PEUPLES NON OCCIDENTAUX

Selon les thèses de l'école de la modernisation, les pays sous-développés le sont parce qu'ils restent caractérisés par la prédominance du secteur traditionnel, c'est-à-dire une société marquée par une forte intégration des fonctions religieuses, politiques et judiciaires, par la prédominance des liens familiaux, ethniques, des relations de proximité et de réciprocité dans les rapports sociaux, par la faiblesse de la productivité du travail et de la maîtrise technique de la nature au niveau économique. Selon sa conception modernisante, le développement est donc symétrique à l'émergence et à la consolidation d'un secteur moderne. Il doit progressivement s'imposer et absorber le secteur

15 LACOSTE, Yves (1959). *Les pays sous-développés*. Paris : PUF.
16 PEEMANS, Jean Philippe, *idem*.

traditionnel à travers un processus d'autonomisation des institutions, de sécularisation de la culture, de différenciation sociale, de spécialisation des rôles et fonctions, de division du travail et de hausse de l'investissement.

Cette conception oriente les actions du développement vers un nouvel « ordre des choses et des individus ». En effet, l'école américaine de la modernisation se devait aussi de contrer et d'éloigner le spectre du communisme que la propagande du bloc de l'Est assimilait à « l'ordre des peuples et des gens ». L'« ordre des choses et des individus » renvoyait à la question des fondements de la croissance économique comme moteur du progrès social. Ainsi, les théories orientaient le « développement » vers l'ordre universel des choses pour une reconstruction de l'ordre des peuples et des gens. Toute approche de développement devait se construire alors à travers l'expertise des pays déjà industrialisés. Dans ces pays, l'« ordre des choses et des individus » s'est déjà imposé et a produit l'abondance matérielle, qui seule, peut les aider à mettre en œuvre cette construction urgente du nouvel ordre. En plus, il est clairement exprimé que cet ordre des choses, c'est tout simplement celui de la mise en œuvre d'un processus d'accumulation du capital. Alors, la dimension économique s'imposa et fut mise en exergue rapidement. La croissance économique s'est mise *ipso facto* au cœur du développement. L'approche « **trois niveaux** » adoptée considère le développement comme un résultat mesurable. Ainsi, il a fallu élaborer des indicateurs de mesure. C'est ainsi que des **indicateurs de progrès** ont été élaborés. Il y a les indicateurs *de richesse* et les indicateurs *de niveau de vie*. Les *indicateurs de richesse* sont d'une part le PIB qui mesure l'ensemble des richesses (biens et services) créées sur le territoire national et d'autre part le PNB qui mesure les richesses produites par les entreprises d'un pays donné, que ce soit sur son territoire ou à l'extérieur. Les *indicateurs de niveau de vie* sont le PIB/habitant et le PNB/habitant qui permettaient de comparer des pays très dissemblables par la dimension, par exemple, la Suisse et les États-Unis.

Dans les PVD, ces indicateurs rencontrent des difficultés dans la mesure où les statistiques sont peu fiables ; ce qui entraîne des problèmes d'évaluation. Le PIB officiellement calculé n'est que la partie visible de la production d'un pays (l'économie formelle). L'économie informelle difficilement mesurable est importante. Elle se compose de :

- l'économie familiale : autoconsommation, troc et pratiques d'entraide

- l'économie de gratuité : services (santé, loisirs, etc.) des associations sans but lucratif

- l'économie clandestine (illégale) : activités criminelles (drogue, prostitution, contrebande) et le travail au noir.

À l'épreuve du terrain, le résultat de « l'approche trois niveaux » s'est révélé difficile à atteindre et le projet porteur, lui-même, difficile à cerner. Ainsi, Claude Robineau[17] va faire évoluer à sa manière la notion de développement en y intégrant la notion de structure : *« Une modification des structures économiques ne peut que correspondre à une remise en cause des structures sociales. Le développement étant compris comme un progrès matériel d'une (ou de la) société (une avancée technique mesurable par rapport au passé, un accroissement quantifiable de biens et de services disponibles per capita), progrès ayant en amont et/ou en aval des incidences sociales. Il s'agit, comme tout phénomène social, d'un phénomène total dont l'économie ne perçoit que les aspects mesurables, à la manière du spectateur contemplant la*

---

[17] ROBINEAU, Claude (1987). « Le développement comme objet scientifique ». in *Terrain et perspectives*, Paris : Édition ORSTOM Leydé p. 403.

partie visible de l'iceberg ». C'est ainsi que des indicateurs de structures ont été élaborés. Ces indicateurs portent sur la répartition des activités et « les lois alimentaires ».

La répartition des activités entre les trois secteurs (primaire, secondaire et tertiaire) est significative au niveau du développement. Ce dernier se caractérise par des transferts successifs de la population active qui évolue de l'agriculture vers la transformation, puis vers les services. Cette transformation permet des gains de productivité qui atteignent tour à tour les trois secteurs. Les « lois alimentaires » portent sur l'analyse des structures de consommation des ménages. Elles sont en rapport avec les « lois d'Engel » selon lesquelles quand le niveau de vie augmente, la demande des ménages se porte successivement :

- sur des biens de première nécessité (alimentation, vêtements, logement...),

- sur des biens de seconde nécessité, principalement issus du secteur secondaire (équipement du foyer, automobile...),

- enfin, sur des biens « supérieurs », assurant un grand agrément de vie, parmi lesquels se trouvent la plupart des services.

Dans les années 1990, le projet de développement, sans remettre en cause fondamentalement les acquis techniques et économiques des pays occidentaux, les bouscule fortement, d'une part, devant l'incapacité de l'« ordre des choses et des individus » à satisfaire le progrès individuel et social même en Occident, et, d'autre part, face à la catastrophe écologique. L'approche « modernisation » est à l'épreuve de l'humain et de l'écologie. La notion de développement va s'enrichir des concepts de développement humain et de développement durable qui, d'une part, tente de remettre en cause l'approche en cours et, d'autre part, concerne désormais tous les peuples mais pas seulement les pays pauvres.

La modernisation à la rencontre de l'humain

Le projet de modernisation technique, économique et social des années 1960 va tenter de prendre en compte l'humain pour satisfaire « l'ordre des peuples et des gens ». Rappelons que dans les années 1970, la dimension sociale était déjà enrichie par les thématiques « femmes et développement » puis « genre et développement ». Dans les années 1990, la dimension politique apparaissait plus clairement avec la chute du communisme, favorisant l'expansion de la démocratie, de la bonne gouvernance et de la transparence de même que la naissance de la société civile politique.

C'est ainsi que le Programme des Nations unies pour le Développement (PNUD) élabore la notion de développement humain et fait évoluer le paradigme. *« Le développement humain suppose qu'on dépasse la conception ancienne du développement qui était centrée sur la croissance économique. Il vise la satisfaction des besoins essentiels mais va au-delà parce qu'il ne concerne pas que les pauvres. Il s'applique autant aux pays industriels avancés qu'aux pays à revenu intermédiaire et faible »*[18]. Le développement humain apparaît comme un « processus d'élargissement de l'éventail des possibilités offertes aux individus ». Gbaguidi[19] apporte les précisions suivantes : *« le développement implique à la fois progrès économique, s'appuyant sur le progrès technique et épanouissement des individus, des communautés, des régions et des nations. En réalité, il ne s'agit pas d'une juxtaposition d'objectifs mais d'un processus irréversible. Le progrès technique et économique*

---

[18] PNUD (2005). Rapport mondial sur le développement humain. Washington, NU, p. 27.

[19] GBAGUIDI ; Non édité, p. 13.

permettant le développement de l'homme et le développement de l'homme favorisant le progrès ».

C'est dans cet esprit que le PNUD propose l'Indicateur de Développement Humain (IDH) pour mesurer le développement. L'IDH, indicateur de qualité, est un indice composite qui permet ainsi de classer les pays de manière moins schématique que par le PIB (Produit intérieur brut). En effet, il ne se concentre pas seulement sur la richesse économique moyenne, il tient mieux compte des inégalités sociales. L'IDH se mesure à travers :

- le niveau de vie mesuré par le pouvoir d'achat moyen dans chaque pays ;

- l'état de santé mesuré par l'espérance de vie ;

- les connaissances, mesurées par le taux d'analphabétisme et la durée moyenne de scolarisation.

Cependant l'IDH, malgré son succès planétaire, n'a pu satisfaire tous les acteurs qui s'essayent à la mesure du développement. C'est ainsi que d'autres indicateurs de développement humain ont été créés. Il s'agit de :

- l'indicateur de pauvreté humaine (IPH) également créé par le PNUD ;

- l'indicateur sexospécifique du développement humain (ISDH)

- l'indice de bonheur national brut (BNB), créé par le roi du Bhoutan ;

- le baromètre des inégalités et de la pauvreté (BIP40) créé par le réseau d'alerte sur les inégalités.

Quoique les violons ne s'accordent pas toujours entre les spécialistes, on peut retenir, pour fixer les idées, la formule proposée par Streeten (1995) en paraphrasant Lincoln, à savoir le développement humain, c'est « le développement du peuple, pour le peuple et par le peuple ». Il s'agit de créer des revenus suffisants par l'emploi et les revenus primaires, d'offrir des services sociaux à ceux qui ont besoin d'aide, de faciliter la création des revenus secondaires et d'assurer la participation de tous au processus de développement.

Le développement humain **se préoccuperait-il des conditions de vie de l'Homme et de l'humanité face à la tyrannie de la croissance économique** ? **Aurait-il pour cible l'individu et sa communauté ?** Le cas échéant, il faut admettre que le concept de développement humain est bien plus large que ce qui est pris en compte par l'IDH.

LA MODERNISATION À LA RENCONTRE DE L'ENVIRONNEMENT

Déjà en 1972, avec la création du PNUE, le monde s'inquiétait fortement des capacités de la Terre à fournir les ressources demandées ainsi qu'à assimiler les déchets et pollutions. Mais ce sera en 1992 à Rio de Janeiro que les Nations unies vont créer la notion de développement durable. La définition classique de ce terme provient du **Rapport Brundtland (ONU, 1987)** : *« Le développement durable est un développement qui répond aux besoins du présent sans compromettre la capacité des générations futures de répondre aux leurs. Deux concepts sont inhérents à cette notion : le concept de "besoins", et plus particulièrement des besoins essentiels aux plus démunis, à qui il convient d'accorder la plus grande priorité, et l'idée des limitations que l'état de nos techniques et de notre organisation sociale impose sur la capacité de l'environnement à répondre aux besoins actuels et à venir »*.

À ce titre, le développement durable intègre une dimension environnementale, intergénérationnelle et éthique. Le développement durable ajoute aussi une autre notion : celle de la « globalisation » de certains problèmes qui se posent à l'échelle locale et dont la solution ne peut être décidée qu'au niveau planétaire : ce qui appelle à de nouvelles régulations, le cadre national traditionnel se révélant alors inadapté. La notion de développement durable renvoie à une manière de vivre qui requiert une action intégrée dans trois dimensions, à savoir les piliers économique, environnemental et social. Dans son schéma, elle passe sous silence les dimensions technologique, politique et cultuelle.

Le développement durable est considéré comme une stratégie de développement social et économique. Il est destiné à concilier progrès économique et social, sans mettre en péril l'équilibre naturel de la planète pour un développement répondant aux besoins actuels sans compromettre la capacité des générations futures à répondre aux leurs. Issu de la conférence de Rio de 1992, le développement durable insiste sur les principes de biodiversité, de participation et de précaution. Il se préoccupe fortement de l'avenir des ressources physique, chimique, énergétique, biologique, humaine et culturelle. À ce titre, il est encore difficile d'avoir un indicateur pour le mesurer.

Il faut entendre par développement durable celui qui est essentiel à la satisfaction des besoins humains et à l'amélioration de la qualité de la vie humaine. Il doit s'opérer par une utilisation efficace de toutes les ressources de l'environnement naturel et social. Il se préoccuperait de l'avenir de Ressources naturelles (physiques, chimiques et biologiques) face à la technologie aveugle.

PROBLÉMATIQUE

Avec le développement humain et le développement durable, à quel type de notion de développement se vouer ? Autrement dit, comment concilier ces deux notions ? Entre l'humain et le durable, qu'est-ce que le développement ? Les deux définitions suivantes (Jean Pierre Senghor, in le soleil N° 9385 du 11/09/01) nous sont proposées :

- *« Le développement est une forme et un contenu selon lesquels une société passe d'un stade 1 à un stade 2 ; ce dernier correspondant à une meilleure utilisation des ressources accessibles à cette société afin de satisfaire les besoins des individus et des différents groupes qui les composent ».*

- *« Le développement est surtout l'ensemble des processus par lesquels une société acquiert, retrouve, gère la régularisation des moyens de production de tous ordres en fonction des besoins des individus et des groupes qui le composent selon les règles qu'elle s'est fixées ».*

Dans la première définition, le développement est considéré comme des étapes à atteindre, tandis que dans la seconde, le développement constitue un processus d'acquisition et de gestion. Le développement apparaît alors soit comme résultat et soit comme processus.

Comme résultat, le développement se mesurerait sur l'homme et son environnement. Sauf que des lacunes et insuffisances persistent pour réaliser des mesures entraînant la multiplication des indicateurs. En effet, certains optent pour des indicateurs concrets : espérance de vie, accès aux soins, taux d'assainissement, apport journalier en calories, taux de scolarisation, taux d'alphabétisation, taux de mortalité infantile. D'autres choisissent des critères plus abstraits pour refléter la qualité de la vie : la sécurité (absence de conflits intérieurs, de réfugiés), le degré de liberté politique et la sauvegarde de l'environnement (lutte contre la destruction des forêts, contre la pollution...). En réalité, la difficulté réside dans la capacité de cerner la notion de développement.

En tant que processus, le développement se traduirait par la mise en œuvre de stratégies et d'activités dites de développement. C'est à ce titre, aussi bien dans le développement économique que dans le développement humain et le développement durable que le « projet de société » des peuples du Sud continue d'être élaboré, mis en œuvre et évalué selon des « schémas d'experts » formés à l'école de l'Occident. Mais, comment les nouveaux « projets de société (développement humain et développement durable) » tentent-ils de prendre désormais en compte le développement de l'homme et de son environnement ?

Cette question renvoie fondamentalement aux notions de système et d'approche de développement. Pour mieux cerner celles-ci, il est important au-delà des théories, d'étudier les pratiques (acteurs, actions et résultats) de terrain. Pour ce faire, il a été convenu de mettre le focus sur les pratiques de développement rural dans la Vallée du Fleuve. En effet, quand on parle de modernisation c'est la paysannerie qui est la plus visée et les interventions en faveur du développement sont plus repérables dans le monde rural. C'est ainsi, en élargissant le travail documentaire et bibliographique sur l'ensemble des théories de l'économie politique et du développement que les observations et entretiens ont été faits respectivement avec les acteurs intervenants et bénéficiaires des programmes, projets et actions de développement.

Première Partie

Quelques repères historiques

Cette partie identifie quelques repères historiques du développement. Pour ce faire, elle s'appuie sur une brève historique de la pensée économique. C'est un pari délicat car il s'agit de faire des choix. Le choix des auteurs ne peut jamais faire l'unanimité ; il faut le replacer dans le contexte de cet ouvrage qui n'est pas un traité d'économie. Par ailleurs, le choix de la terminologie (préclassiques, classiques et postclassiques) est sûrement plus discutable pour les puristes mais son objectif est de donner des repères aux lecteurs non économistes.

CHAPITRE PREMIER

DES PENSÉES PRÉCLASSIQUES

Il est, en général, considéré que la formulation en tant que telle de la pensée économique débute au XVIe siècle. Dans la réalité, on peut dire qu'elle émerge pendant cette période. En effet, comme pour beaucoup de sciences, l'histoire des sciences économiques se confond avec celle de l'analyse philosophique. Néanmoins, on peut noter que deux grandes périodes précèdent la formulation de la pensée économique au XVIe siècle.

PREMIÈRE PÉRIODE : DE LA PRÉHISTOIRE AUX DÉBUTS DE L'ANTIQUITÉ GRECQUE

Des éléments de pratique économique et des prémices de la pensée économique ont été repérés chez les Arabes, les Chinois, les Indiens et les Grecs entre la préhistoire et l'antiquité. En Mésopotamie, les scribes arabes recouraient déjà à des tableaux à deux ou trois colonnes, afin de distinguer plus efficacement les composants de l'opération.

En Chine, dans un ouvrage attribué à Guan Zhong (en 654 av. J.-C), les pensées économiques apparaissaient plus structurées et auraient fondé la prospérité du royaume de QI alors que dans le « Shangjun Shu » (338 av. J.-C), divers textes tentaient de renforcer l'école légiste dont le maître mot était : « Enrichir le pays et renforcer l'armée ». Ailleurs, dans le Guanzi, des textes établissaient :

- une des premières formulations de la théorie du Marché, assimilée à une pesée ;

- une réflexion sur la monnaie considérée davantage comme une marchandise que comme un étalon ;

- une préconisation selon laquelle l'État doit assurer lui-même la production et le commerce du sel et du fer, produits indispensables dans la vie des sujets.

En 81 av. J.-C., sous la Dynastie Han, les confucéens considéraient comme immorales les idées du Guanzi, qui continuèrent néanmoins d'influencer la pratique des politiciens.

En Inde, Chandra Gupta[20] (c. 340 -293 av. J.-C) considéré comme le « Machiavel indien » avait produit deux ouvrages. ***Arthashastra*** (*La Science des richesses et du bien-être*) aborde des thèmes multiples et très modernes comme la politique monétaire, la politique fiscale, la politique sociale et les relations internationales ainsi que les stratégies militaires. ***Neetishastra*** est un traité sur la « vie idéale », où l'auteur indique au peuple les « bonnes conduites », et au souverain les « bonnes pratiques » pour conduire son royaume.

Dans le monde grec, les théories mettent l'économie au service de la cité antique avec trois périodes : d'abord, la crise sociale et intellectuelle du VIe au IVe av. J.-C., ensuite l'essor du Grand Siècle Grec au Ve siècle av. J.-C., enfin la période des grands philosophes (fin V^e^ – Ier siècle av. J.-C.). Pendant cette dernière période, plusieurs auteurs vont aborder, quelque part, des aspects économiques. Il s'agit des sophistes, des cyniques et utopistes (fin du Ve siècle av. J.-C.), de Socrate (470-399 av. J.-C) , de Xénophon (426 - 355 av. J.-C.), de Platon (avec sa doctrine économique : cité idéale, cité réelle et cité possible), de Aristote (avec sa distinction entre économie de nature et économie de cité) et enfin des utopistes finals (IV-Ier siècle av. J.-C.).

---

20 http://en.wikipedia.org/wiki/Chanakya.

DEUXIÈME PÉRIODE : À PARTIR DU MOYEN-ÂGE JUSQU'AU XVIIE SIÈCLE

À partir du Moyen-âge, l'économie est au service de la religion et du bien commun avant d'être au service du prince à la période de la Renaissance.

L'époque médiévale est dominée par les théologiens qui mettent l'économie au service du bien commun. Dans le monde romain, au-delà de la contribution de Rome, il faut signaler l'apport de la première chrétienté ainsi que la « cité de Dieu » et « l'Augustinisme politique ». On assistait à la naissance et à l'évolution du système domanial ainsi qu'à la mise en place de fond culturel commun avec un apport judéo-chrétien. Dans le monde arabe, les penseurs économiques de l'Islam apportent leurs contributions sur trois aspects. D'abord sur la finance publique, d'une part, ils considéraient que trop d'impôt tue l'impôt et, d'autre part, ils dissertaient sur le rôle des dépenses publiques et du déficit public. Ensuite, ils ont travaillé sur les cycles économiques avec notamment la perception de ces cycles et l'analyse dynamique de ceux-ci par Ibn Khaldoum. Enfin, ils ont abordé le sujet de la monnaie et du prix en considérant que la mauvaise monnaie chasse la bonne et en analysant la relation monnaie-inflation.

À l'époque de la Renaissance, l'économie revient au service du prince. Cette période est marquée par la réforme protestante et la mise en place de l'école de Salamanque. Au-delà, d'autres réformateurs vont se positionner en précurseurs de l'économie moderne. Cette atmosphère va permettre l'émergence de la doctrine mercantiliste.

1.1 Le mercantilisme (1500-1776)[21] : l'État et le commerce

Le mercantilisme est une doctrine des économistes des 16e et 17e siècles, qui se préoccupaient des moyens d'augmenter la richesse de l'État. Pour certains, le mot « mercantiliste » vient de l'italien *mercante* qui signifie « marchand » alors que pour d'autres, il vient du latin *mercari*, « faire du commerce », et de la racine *merx*, « la marchandise ». Il aurait été utilisé par le marquis de Mirabeau pour la première fois en 1763, mais il est popularisé par Adam Smith en 1776. Le mercantilisme se préoccupe des moyens d'augmenter la richesse de l'État. Il prône le développement économique par l'enrichissement des nations au moyen du commerce en général, du commerce extérieur en particulier, mais aussi de l'industrialisation. Il se situe historiquement à la fin du Moyen-Âge et marque aussi la fin de la prééminence des doctrines de l'Église dans l'organisation sociale.

La doctrine est contemporaine de la colonisation du Nouveau Monde et de la Monarchie absolue en Europe (XVIe et milieu du XVIIIe siècle). Le mercantilisme considère que *« le prince, dont la puissance repose sur l'or et sa collecte par l'impôt, doit s'appuyer sur la classe des marchands et favoriser l'essor industriel et commercial de la Nation afin qu'un excédent commercial permette l'entrée des métaux précieux »*[22]. Les questions économiques échappent aux théologiens et autres scolastiques qui avaient pour objectif de trouver un système économique compatible avec les doctrines chrétiennes de piété et de justice.

---

[21] http://www.ph-ludwigsburg.de/html/2b-frnz-s-01/overmann/baf4/colonisation/colo24.htm/ 29 décembre 2013

[22] C. ECHAUDEMAISON (1993). *Dictionnaires d'Économie et des Sciences Sociales*. Nathan.

La morale (l'accumulation des richesses et le prêt à intérêt) dans les échanges au niveau local entre individus, inspirée d'Aristote, de Platon ou de l'église, est mise en retrait. Les idées mercantilistes marquent la fin de ces représentations. Le mercantilisme apparaît dans un contexte intellectuel où l'homme, avec Copernic et Galilée, passe « du monde clos à l'univers infini ». L'esprit de la Renaissance entend libérer la créativité humaine de l'ordre cosmique prédéterminé.

Le mercantiliste prône le développement des marchés, des marchands et du commerce. L'industrie, le gain du commerçant et l'accumulation de l'or doivent se développer au bénéfice du prince. L'économie, la finance et la politique s'intègrent. La nouvelle « mentalité mercantiliste » met en avant l'enrichissement à partir d'activités ayant un rendement croissant (fabriquer et vendre des produits manufacturés plutôt que de vendre des produits bruts). Le développement économique n'est possible qu'à travers le commerce extérieur convenablement organisé en vue de dégager un excédent de balance commerciale. Pour y parvenir, l'État doit développer **la richesse nationale**, à travers des politiques pertinentes de nature défensive (protectionnisme) et offensive (favorisant l'exportation et l'industrialisation). La politique anglaise se limitait essentiellement à « exporter des biens manufacturés et importer des produits bruts ».

Fondamentalement, le mercantilisme renvoie à trois courants[23].

a– Le populationnisme

Les mercantilistes sont populationnistes, c'est-à-dire favorables à l'augmentation de la population dans un pays. Cela permet d'obtenir la main-d'œuvre et donc favorise le développement de l'industrie et du commerce, notamment

---

[23] http://fr.wikipedia.org/wiki/Histoire_de_la_pens%C3%A9e_%C3%A9conomique

des exportations. Par conséquent les industriels et les marchands s'enrichissent. Cela permet aussi d'occuper un plus grand nombre d'hommes, ce qui bénéficie à l'État.

b– La théorie des harmonies économiques

La richesse constitue la valeur suprême ; c'est la fin ultime de la vie sociale. L'État doit certes être riche, mais il ne peut l'être que si les citoyens le sont aussi. Ainsi, ils se préoccupent de rechercher les conditions de la richesse d'un État. Pour les mercantilistes, la richesse est constituée par les profits des marchands et des manufacturiers. Ce profit s'accumule et engendre ensuite de nouveaux profits. L'accroissement de ces profits dépend donc du développement de l'industrie, puis du commerce qui permet d'écouler les produits : le commerce en général et le commerce international en particulier. Pour que l'industrie et le commerce se développent, il faut de la main-d'œuvre et des capitaux en abondance. Or l'abondance de la main-d'œuvre et des capitaux est justement ce qui permet à un État d'être puissant sur le plan militaire. Donc, bien que les fins poursuivies par les marchands et les industriels, à savoir le profit, ne soient pas les mêmes que les fins poursuivies par l'État, le prestige et la puissance, il n'y a pas de contradiction entre les deux.

c- La théorie quantitative de la monnaie

Les mercantilistes insistent constamment sur la nécessité de développer la quantité de monnaie en circulation, afin d'accompagner le développement du commerce. Pour comprendre la façon de penser des mercantilistes, il faut rappeler que pendant tout le Moyen-Âge, l'insuffisance de la quantité de monnaie en circulation (sous forme d'or et d'argent) avait été un problème endémique (qui revient tout le temps, qui sévit constamment). Pour eux, la hausse des prix s'explique par une augmentation de la quantité des métaux précieux et donc des monnaies en circulation.

Les mercantilistes préconisent donc l'accroissement de la quantité de monnaie qui, pour eux, reste une bonne chose en dépit de l'inflation qu'elle engendre. Comment développer la quantité de monnaie ? D'abord par le « surhaussement », qui consiste à attribuer aux monnaies étrangères un pouvoir d'achat supérieur à la monnaie nationale, ensuite par le développement des exportations.

NB1 : Le mercantilisme n'est au départ certainement pas un courant de pensée homogène, et pas davantage une théorie unifiée. Il renvoie à des pratiques et à des politiques diverses d'États naissants, à la recherche de légitimité dans des contextes différents, à des périodes souvent très différentes : Espagne, Hollande, Angleterre, France, etc. Sa nature de courant économique ne fait pas l'unanimité.

NB2 : Le mercantilisme se développe en pleine transition de l'économie européenne :

- progrès techniques dans la navigation ;

- développement des centres urbains, qui provoque une forte demande de consommation et favorise une croissance rapide du commerce local et/ou international ;

- introduction du principe de la double comptabilité et de la comptabilité moderne qui permet de présenter d'une façon claire les flux de commerce, et contribue à l'étude attentive de la balance commerciale ;

- création de sociétés par actions permanentes où les associés n'ont qu'une responsabilité limitée.

Leçon 1 : Ainsi, le mercantilisme n'est pas un courant économique homogène. Il décrit et théorise des pratiques qui ont convergé sur 200 ans à la mise en place d'un système de développement économique.

Leçon 2 : Au-delà des progrès techniques et de la croissance rapide de la consommation, la construction du système de développement occidental repose sur la transparence <u>**formelle**</u> à travers la structuration des acteurs (légalisation de création d'entreprises et de sociétés de production : formalisation et responsabilité) ainsi que la traçabilité (comptabilité). En Afrique, la croissance urbaine et celle de la consommation ainsi que les actions de développement agricole et rural sont caractérisées par l'informel (entreprise informelle, absence de comptabilité). La majorité des exploitations de production agricole, de transformation (artisanale) et de service (commercial) restent caractérisées par l'informel.

Après la mise en place sur 200 ans des fondements structurels du système occidental, les théories économiques qui lui sont adaptées vont émerger avec les physiocrates.

1.2. Les Physiocrates : le circuit économique (18e siècle)

La **physiocratie** est un terme lancé par Pierre Samuel du Pont de Nemours. Il vient du grec *phusis* (nature) et *kratein* (gouverner). Elle est une école de pensée économique et politique née en France vers 1750 et a contribué de manière décisive à forger la conception moderne de l'économie. La physiocratie cherche à placer la réflexion et la pratique de l'économie dans un cadre de référence plus autonome. François Quesnay est le chef de file incontesté de cette école. Il publie le tableau économique en 1758 par lequel il décrit la circulation des richesses dans l'économie. Les Physiocrates s'appellent entre eux « Les Économistes ». Bien que le travail soit considéré comme la source de toute création de richesse, il estimait que le Noble ne doit pas travailler sous peine de perdre sa noblesse.

Les travaux des physiocrates s'intéressent à la création de la richesse, mais aussi, et surtout à sa répartition *via* des diagrammes de flux et de stocks représentant de manière très élaborée le fonctionnement de l'économie. Le but est de mettre en place les outils qui permettent au roi de France de mieux mesurer la création de richesse et ainsi de pouvoir faire de meilleures lois permettant d'éviter les disettes *via* une production et une répartition optimisées des richesses.

François Quesnay dans le *Tableau économique* fait reposer la source de la richesse non plus sur le travail, mais sur la capacité de la terre à produire de la nourriture chaque printemps, rentrant ainsi dans les bonnes grâces des rentiers terriens et dépassant aussi le mercantilisme sans révolutionner la société.

Les principes foncièrement naturalistes émergent. En effet, pour les physiocrates, il existe un ordre naturel gouverné par des lois qui lui sont propres. Il suffirait aux économistes de révéler ces lois de la nature comme le font les physiciens.

Les physiocrates considèrent que la richesse d'un pays consiste en la richesse de tous ses habitants et non pas seulement en celle de l'État. Cette richesse, produite par le travail, est formée de tous les biens qui satisfont un besoin et non de métaux précieux qu'il faudrait thésauriser. Pour eux, la seule activité réellement productive est l'agriculture. La terre multiplie les biens (*une graine semée produit plusieurs graines*) et laisse un produit net ou surplus. L'industrie et le commerce sont considérés comme des activités stériles car elles se contentent de transformer les matières premières produites par l'agriculture.

La physiocratie distingue trois classes d'acteurs économiques :

- la classe des propriétaires terriens
- la classe des paysans, considérée comme la seule productive (producteurs terriens) ;
- et la classe stérile, composée des marchands et « industriels » ;

Cependant, les physiocrates sont foncièrement contre les restrictions et entraves au développement de l'industrie et du commerce (notamment des blés). Pour eux, la meilleure façon de maximiser la richesse de tous est de laisser chacun agir à sa guise selon ses moyens. Ils popularisent la fameuse phrase « *laissez passer les hommes, laissez passer les marchandises* »[24].

Les physiocrates mettent ainsi au premier plan la liberté du commerce comme principe de politique économique. Ils annoncent déjà les idées libérales du XXe siècle. En effet, les partisans du libre-échangisme reconnaissent les physiocrates comme des précurseurs du libéralisme économique. La physiocratie est généralement considérée comme la première théorie économique.

Quesney a fourni à cette école les ouvrages théoriques qui contenaient les éléments de sa doctrine :

- théorie du droit naturel,

- théorie de la production purement agricole,

- théorie de la juste répartition entre producteurs et propriétaires,

- théorie du libre-échange,

- théorie du gouvernement despotique éclairé.

La thèse selon laquelle la terre est la seule source de richesse, qui distingue les Physiocrates de leurs successeurs classiques, est néanmoins secondaire par rapport aux autres apports par lesquels les Physiocrates se distinguent de leurs prédécesseurs. Leur thèse a été reprise par les classiques qui fondent l'économie moderne. En effet, les physiocrates considèrent l'économie comme un ensemble de flux qui circulent entre les trois classes de la société. Ils préfigurent les analyses de Marx et de Keynes. Ils sont aussi favorables au libre jeu de l'initiative individuelle et à la libre circulation des marchandises.

[24] http://fr.wikipedia.org/wiki/Physiocratie.

Fondamentalement, cette période de 300 ans (16e, 17e et 18e siècle) consacre la réorientation du système de développement socio-économique en occident. Les mercantilistes se révèlent être témoins de la reconstruction (formalisation et comptabilisation transparente) du système sur 200 ans. Les physiocrates, en identifiant formellement les secteurs (primaire, secondaire et tertiaire) confirment cette réorientation définitive du système de développement.

Au-delà des aspects économiques, les théories préclassiques investissent les dimensions sociopolitiques de leur époque. Les mercantilistes proposent une intégration de l'économique et du social au bénéfice du prince. Pour eux, l'État doit être riche et les populations, en augmentation progressive, pauvres. Les physiocrates, au contraire, sont pour un libre jeu économique et une libre circulation des richesses des acteurs. Par ailleurs, ils proposent une division naturelle des secteurs économiques (primaire, secondaire et tertiaire). Pour eux, la terre est la seule richesse et pour être riche, il vaut mieux être propriétaire que paysan ou industriel.

CHAPITRE 2

DES ÉCONOMISTES CLASSIQUES

Dans ce chapitre, il a été fait le choix de présenter les théories de quatre auteurs parmi ceux que Karl Marx avait qualifiés de classiques. Il s'agit d'Adam Smith, David Ricardo, Thomas Robert Malthus et Jean Baptiste Say. En général, les classiques sont les premiers théoriciens de la pensée libérale en cours dans le monde occidental.

2.1 La pensée d'Adam Smith

La postérité a surtout retenu son talent d'économiste, bien que connu de son vivant pour ses œuvres de philosophie. Il a été même élevé au rang de fondateur des sciences économiques, surtout pour le courant libéral. Il serait le véritable « père de l'économie politique ». Même si beaucoup pensent que la plupart de ses idées ne sont pas nouvelles. Son ouvrage principal *La Richesse des Nations* mentionne plus d'une centaine d'auteurs auxquels sont empruntées les différentes analyses. Smith a réussi une synthèse de la plupart des idées économiques pertinentes de son temps. Il approfondit leurs idées et les lie entre elles pour en faire une compilation cohérente.

Adam Smith est intéressé par les idées libérales des physiocrates, mais ne comprend pas le culte qu'ils vouent à l'agriculture. Il a plutôt conscience de l'importance économique de l'industrie. Il consacre dix années de sa vie à son traité d'économie intitulé *Recherches sur la nature et les causes de la richesse des nations* (*An Inquiry into the nature and the causes of the wealth of nations*), titre souvent abrégé en *Richesse des nations*. Son principe économique est simple : ce qui est sage pour le chef de famille ne peut pas être une folie dans la gestion d'un empire.

Adam Smith est le premier à donner une interprétation globale du système économique fondée sur la notion de marché. Il se fait le défenseur du libre-échange, l'apôtre de la non-intervention de l'État dans la sphère économique.

L'œuvre d'Adam Smith aborde la nature de la richesse et de la croissance à travers deux causes essentielles d'accroissement de la richesse des nations (deux facteurs de production) : *le capital et le travail*. Le capital physique et humain ainsi que la productivité du travail (division des tâches et technologies) sont les éléments essentiels. Avant Smith, les économistes avaient proposé deux grandes définitions de la richesse, à savoir la possession de métaux et de pierres précieuses par les mercantilistes et la production agricole par les physiocrates. Pour Smith, la richesse de la nation, c'est l'ensemble des produits qui agrémentent la vie de la nation tout entière, c'est-à-dire de toutes les classes et de toutes leurs consommations. L'or et la monnaie ne constituent donc plus la richesse, elles n'ont, en elles-mêmes, aucune autre utilité que celle d'intermédiaire de l'échange. Pour lui, l'origine de la richesse est le travail des hommes. Il pose ainsi les bases de la doctrine de la valeur travail, qui sera pleinement théorisée plus tard par Ricardo. Il a introduit la théorie de l'avantage absolu pour décrire des situations où un pays a intérêt à produire davantage qu'il ne consomme, afin d'exporter le surplus et d'importer des biens que d'autres pays produisent mieux que lui. Ceci autorise l'élargissement des marchés, la baisse des prix (et donc l'accroissement de l'épargne), ainsi que l'accentuation de la division du travail. Les courants commerciaux trouvent leurs origines dans les différences de coûts de production pour chaque partenaire à l'échange. La **théorie des avantages absolus** est une notion économique désignant l'avantage qu'une personne détient sur une autre lorsqu'avec la même quantité de facteurs, la production de la première est supérieure à celle de la seconde. De même, pour un pays, c'est l'avantage qu'il détient sur un autre lorsque, pour un bien, sa production par unité de facteur est supérieure à celle des autres pays. Comme le souligne Adam Smith : *« Si un pays étranger peut nous fournir une marchandise à un meilleur marché que nous sommes en état de l'établir nous-même, il vaut mieux que nous la lui achetions avec quelque partie de notre industrie, employée dans le genre dans lequel nous avons quelques avantages ».*[25] Cependant, l'application de ce principe conduit à une conclusion surprenante : si un pays peut produire à un moindre coût et sans limitation de volume tous les biens dont il a besoin, un autre pays aurait tout intérêt à tout lui acheter et n'aurait rien à lui vendre en contrepartie. Une telle situation est inconcevable : l'ouverture à l'échange conduit à l'impossibilité de l'échange. Ricardo va plus tard aussi introduire la notion d'avantages comparatifs.

Pour accroître la richesse, Adam Smith distingue la division du travail, l'accumulation du capital et la taille du marché.

- **La division du Travail :** elle consiste à spécialiser chaque travailleur dans une étape de la production à laquelle il se dédie, accroissant donc l'efficacité de son travail, sa productivité. Ce qui permet la division du travail, c'est l'échange.

Par ailleurs, la division du travail n'a pas que des avantages. Smith note qu'elle peut avoir des effets désastreux sur l'intellect des ouvriers. Il invite l'État à faire quelque chose pour qu'il en soit autrement, par exemple, en mettant en place un système éducatif. Il préfigure la notion d'externalité qui justifiera en partie l'intervention de l'État.

---

[25] http://fr.wikipedia.org/wiki/Avantage_absolu

- **L'accumulation du capital :** Smith fait l'apologie de l'Épargne qui est source de survie et de prospérité de l'industrie. L'épargne permet d'investir dans les machines, de décupler la productivité et d'accroître la division du travail. Les machines entraînent une augmentation des besoins en main-d'œuvre et une montée des salaires. La hausse des salaires permet aux pauvres de faire vivre leurs enfants et donc d'accroître à terme la main-d'œuvre disponible.

- **Le marché, le libre-échangisme :** les hommes s'échangent les fruits de leur travail. Plus les échanges s'accroissent, plus les hommes sont à même de se consacrer à une tâche particulière et d'espérer des autres la satisfaction de leurs autres besoins. Pour ce faire, il faut que la taille du marché soit importante. Si le marché n'est pas assez grand, le surplus de production permis par une division du travail toujours accrue ne trouvera pas acheteur. Le marché peut se lire alors selon deux approches.

- Une **approche discontinue du libéralisme classique dans laquelle** les actions des individus seraient coordonnées et rendues complémentaires par le marché et la « main invisible ». Selon Smith, les « lois » du marché, associées au caractère égoïste des agents économiques, conduiraient à un résultat inattendu : l'harmonie sociale. La confrontation des intérêts individuels mène naturellement à la concurrence et cette dernière amène les individus à produire ce dont la société a besoin. Pour Smith, la notion de main invisible traduit aussi l'existence de conséquences inattendues qui ne sont pas forcément favorables. Dans l'autre approche qualifiée d'**unifiée, d'inspiration plus sociale du libéralisme**, l'ordre de la richesse matérielle ne se confond pas avec l'ordre moral entendu chez Smith comme harmonie ou bonheur intérieur. La main invisible conduit automatiquement et facilement à l'harmonisation qui doit porter à la fois sur le monde physique de la richesse matérielle et sur le monde intérieur.

NB. Le rôle de l'État : Smith s'oppose à la régulation économique qui confond garantir l'ordre public et garantir l'approvisionnement en vivres. Au-delà des fonctions régaliennes (police, armée, justice), de protection des citoyens et de gardien de l'intérêt général, Smith reconnaît à l'État une intervention économique *: « Le troisième et dernier devoir du souverain est d'entretenir ces ouvrages ou ces établissements publics dont une grande société retire d'immenses avantages, mais qui sont néanmoins de nature à ne pouvoir être entrepris ou entretenus par un ou plusieurs particuliers, attendu que, pour ceux-ci, le profit ne saurait jamais leur en rembourser la dépense »*[26]. Il s'agit surtout des grandes infrastructures qui n'ont pas une rentabilité immédiate.

2.2 La pensée de David Ricardo

David Ricardo (1772 – 1823) est un économiste classique du XIXe siècle. C'est un autodidacte de la pensée économique. Ses premiers écrits, sur les problèmes monétaires des guerres napoléoniennes, paraissent sous forme de trois articles publiés dans le *Morning Chronicle* entre 1809 et 1810. Il publie un an plus tard *Essai sur le haut prix du lingot : preuve de la dépréciation des billets de banque* (1811), où il développe une thèse quantitativiste. Pour lui, l'excès d'émission de billets a contribué à déprécier la devise anglaise lors des guerres napoléoniennes.

Les débats engendrés par la publication de ses ouvrages monétaires amènent Ricardo à développer ses connaissances en économie. Il s'intéresse à l'économie en lisant *la richesse des nations* d'Adam Smith. Il entretient une riche correspondance avec Malthus et Jean Baptiste Say sur le

---

[26] http://fr.wikipedia.org/wiki/Avantage_absolu

rôle des propriétaires terriens dans la société. Il fréquente aussi les milieux intellectuels londoniens, et devient membre du Club d'économie politique de Malthus (*Malthus » Political Economy Club*) et du Roi des clubs (*King of Clubs*). En 1815, Ricardo publie *Essai sur l'influence des bas prix du blé sur les profits du capital.*

En 1817, est publiée son œuvre maîtresse, *Des principes de l'économie politique et de l'impôt.* Une deuxième édition sort en 1819 et une troisième en 1821.

Les apports théoriques de Ricardo peuvent être déclinés en cinq points :

• **Théorie de la valeur.** Pour Ricardo, la valeur d'une marchandise est déterminée par le travail. La plupart des marchandises qui sont naturellement limitées ont leur valeur en fonction du travail qui est consacré à leur production. C'est le travail qui fait la valeur d'échange des marchandises. Celle-ci correspond au travail pour la constitution du capital fixe. En plus, Ricardo distingue les biens reproductibles des non-reproductibles. La valeur d'échange de ces derniers dépend de leur rareté.

• **Opposition au protectionnisme** et **Théorie de l'avantage comparatif :** Ricardo avance aussi la théorie de « l'avantage comparatif » (en supplément de la théorie de l'avantage absolu) selon laquelle chaque nation a intérêt à se spécialiser dans la production où elle possède l'avantage le plus élevé ou le désavantage le moins prononcé vis-à-vis des autres nations. Pour lui, tous les pays, même les moins compétitifs, ont un intérêt à rentrer dans le jeu du commerce international en se spécialisant dans la production où ils détiennent l'avantage relatif le plus important ou le désavantage relatif le moins lourd de conséquences. Pour cela, il émet quatre hypothèses : d'abord la valeur du travail (égale au prix multiplié par la quantité de travail) ; ensuite la concurrence parfaite ; puis l'immobilité des facteurs de production au niveau international (seules les marchandises circulent) et enfin la constance de la productivité. Dans la réalité, il est presque impossible que ces conditions théoriques soient remplies, et l'application pratique de la théorie de l'avantage comparatif pose un certain nombre de problèmes. Mais la notion de l'avantage comparatif est plus apte à comprendre le commerce international que celle des avantages absolus.

• **La théorie de l'étalon-or.** Ricardo accuse l'émission excessive des billets de banque d'être la source de l'inflation. Il préconise que l'émission de monnaie soit limitée par le stock d'or, afin d'en garantir la valeur.

• **L'équivalence ricardienne.** L'« équivalence ricardienne » ou la « neutralité ricardienne » est une théorie économique également appelée « effet Ricardo-Barro » ou « théorème d'équivalence de Ricardo-Barro », énoncée en premier lieu par David Ricardo, puis reprise par Robert Barro en 1974. Selon ce théorème, il y aurait, sous certaines conditions, équivalence entre l'augmentation de la dette publique aujourd'hui et l'augmentation des impôts requise demain par le remboursement de cette dette et le paiement des intérêts. Si les agents économiques se comportent de manière rationnelle, une politique de relance (distribution de revenus financées par la dette publique) ne les poussera pas à consommer, mais plutôt à économiser (augmentation des taux d'épargne), en prévision de hausses d'impôts futures. La validité de l'« équivalence ricardienne » a longtemps été – et est encore – discutée. Le théorème n'a été énoncé que dans des situations très précises, limitées par des hypothèses nombreuses.

• **La théorie de la rente de la terre.** Pour Ricardo, l'évolution de la population mène inévitablement à la hausse du prix des subsistances (du fait des rendements décroissants de la terre) et à celle de la rente foncière (suite au besoin accru de terres cultivables). Le résultat de cette inflation est de rendre nécessaire une hausse des salaires afin d'assurer la survie de ces derniers. Ainsi, la croissance démographique provoquera nécessairement « l'état stationnaire » de l'économie caractérisée par un écrasement des profits par la rente et la fin de l'investissement productif. Cet état peut être freiné par le progrès technique. Ricardo rejoint Malthus sur la critique des aides sociales accordées aux indigents qui, selon lui, créent la pauvreté sur le long terme en favorisant des naissances non souhaitables.

En 1820, David Ricardo écrit à Malthus quelques années avant sa mort : *« L'économie politique est selon vous une enquête sur la nature et les causes de la richesse. J'estime au contraire qu'elle doit être définie : une enquête sur la distribution... De jour en jour, je suis plus convaincu que la première étude est vaine et décevante et que la seconde constitue l'objet propre de la science »*[27].

2.3. La pensée de Thomas Robert Malthus

Thomas Robert Malthus (1766-1834) est un économiste britannique de l'école classique. Ses analyses sur les rapports entre les dynamiques de croissance de la population et la production sont orientées dans une perspective « pessimiste ». Son nom a donné dans le langage courant un adjectif, « malthusien », souvent négativement connoté (désignant un état d'esprit plutôt conservateur, opposé à l'investissement ou craignant la rareté), et une doctrine, le malthusianisme qui inclut une politique active de contrôle de la natalité pour maîtriser la croissance de la population.

D'abord en tant que pasteur chargé de l'aide aux pauvres, il tente d'appliquer les idées de William Godwin, un rationaliste du XVIIIe siècle qui croit à un progrès sans limites. Mais dans sa commune, les mauvaises récoltes de 1794 à 1800 qui ont engendré misère et détresse ont frappé son imagination. Malthus se révolte contre les idées de

---

[27] http://anticapitaliste.wikia.com/wiki/%C3%89conomie_politique

Godwin qui décrit une société où une population croissante va connaître la prospérité et la justice. Il écrit en 1796 un essai sur la crise que subit l'Angleterre. Celui-ci prend position en faveur de la justice sociale et propose de développer le système d'assistance publique aux pauvres, mais il ne le publie pas. Le divorce entre les idées de Godwin et la réalité brutale qu'il observe a conduit Malthus à changer radicalement d'analyse.

En 1798, il publie sans nom d'auteur « Essai sur le principe de population », qui connaît un immense succès et déclenche de nombreuses polémiques. Malthus entreprend alors d'approfondir ses recherches et en 1803, il sort une nouvelle édition, très augmentée, de son *Essai* et le signe de son nom. Le retentissement est considérable. Contre les réformateurs « moraux » qui attribuent au gouvernement la responsabilité des maux de la société, Malthus veut démontrer que ceux-ci viennent en réalité de lois naturelles et inéluctables. Il délivre un message démographique pessimiste. Malthus estime que la population tend à croître inévitablement plus vite que les subsistances.

Le raisonnement de Malthus cache un message social et un message économique :

- social : la redistribution en faveur des pauvres accentue le problème au lieu de le résoudre, puisque les pauvres, en se multipliant, font peser une menace croissante sur les ressources dont disposent les autres.

- économique : puisque les substances vont se faire rares, les perspectives de croissance vont aussi se faire rares, faute d'occasions rentables d'investir, car la main-d'œuvre coûtera trop cher à nourrir.

Selon Malthus, un recul de la demande est possible avant une baisse de production (voire, paradoxalement, à la suite d'un accroissement de production), ce qui provoquera un recul de l'activité économique.

Par ailleurs, Malthus est un des premiers économistes à tenter de théoriser les crises dites de surproduction. Cette idée sera reprise et développée par **John Maynard Keynes** pour analyser la crise de 1929. Il réhabilite Malthus et souligne l'importance d'un des rares auteurs classiques à avoir mis en valeur le rôle de la demande et de l'investissement dans la croissance économique. Keynes écrira d'ailleurs un essai en 1933 intitulé *Robert Malthus, the first of the Cambridge economists* (*Robert Malthus, le premier des économistes de l'École de Cambridge*).

Le terme « malthusianisme » se réfère aujourd'hui aux théories qui préconisent une limitation des naissances ou, d'une façon plus générale, de l'offre. Des politiques malthusiennes ont été appliquées par certains pays (Inde, Chine). Mais, le pronostic pessimiste de Malthus a été différé, car le monde a connu une grande augmentation des ressources et des rendements agricoles, de nouveaux moyens d'échanges internationaux des biens de subsistance. En plus, le comportement individuel, *a posteriori*, a permis l'apparition de la transition démographique, correspondant à une phase de diminution de la natalité quand la population d'un pays s'enrichit ; les familles ont de moins en moins d'enfants dans certains pays, entraînant une dénatalité. Cette dernière est responsable du vieillissement de la population qui apparaît aujourd'hui comme une contrainte pour le développement dans le système occidental.

2.4 La pensée de Jean-Baptiste Say (1767 – 1832)

Jean-Baptiste Say, né à Lyon en 1767 et mort à Paris en 1832, est le principal économiste classique français. Après avoir lu l'œuvre de Adam Smith, il fait la distinction tripartite « production – répartition – consommation ». Celle-ci est utilisée comme plan du ***Traité d'économie politique***, son œuvre maîtresse parue en 1803.

Say est un partisan du libéralisme qui met en avant la propriété privée, la libre concurrence et le rôle limité de l'État. Il défend la liberté des prix et des échanges puis développe l'idée selon laquelle la libre fixation des prix et des revenus sur le marché est la condition de la « justice économique ». Il plaide pour le libre-échange en faisant valoir que les produits étrangers sont payés avec des produits fabriqués par l'économie nationale, et de ce fait stimulent la demande. Il théorise l'utilité, établit la loi des débouchés, se prononce sur l'intervention de l'État et enfin exprime sa confiance dans la disponibilité des ressources naturelles.

- L'utilité

Le coût de la production détermine certes la valeur, mais celle-ci ne prend de l'importance qu'à travers son utilité. *« L'utilité [des] choses est le premier fondement de leur valeur »*[28]. Il distingue marchandises et richesses, puis souligne que la production est avant tout, création de « richesses », donc d'utilité.

- La loi des débouchés

JB Say croit en la capacité de l'économie industrielle à surmonter les crises à travers la loi de Say dite « loi des débouchés », selon laquelle les produits s'échangent contre des produits et l'offre crée sa propre demande. Pour lui, c'est l'offre qui crée le revenu que les consommateurs utilisent pour créer de la croissance. Alors, il faut stimuler l'offre.

Cette loi est porteuse de conséquences positives et optimistes : *« Plus les producteurs sont nombreux et les productions multiples, plus les débouchés sont faciles, variés et vastes »* et *« C'est la production qui ouvre des débouchés aux produits »*.

---

[28] http://www.oeconomia.net/private/recherche/dupuitgide2001.pdf

En situation de concurrence libre et parfaite, l'économie de marché est capable de s'autoréguler de façon spontanée et d'opérer un équilibrage spontané des flux économiques (production = consommation + investissement, épargne = investissement). Les crises de surproduction générale sont impossibles : Il ne peut y avoir de déséquilibre global dans les économies de marché et de libre-entreprise.

Say ne nie pourtant pas la possible création d'excédents, mais les crises de surproduction ne touchent, pour lui, que certains secteurs et ne sont pas durables. Cette loi est parfois réduite à tort à la formule : « toute offre crée sa propre demande ». Elle pourrait être mieux formulée : « on ne dépense jamais que l'argent qu'on a gagné ». Plus tard les principes de Say seront critiqués par Keynes qui, à travers le concept de la demande effective, les déclarera irréalistes.

- L'intervention de l'État

Cette vision libérale et optimiste réprouve toute intervention de l'État et voit dans la monnaie un intermédiaire neutre, avec seulement un rôle transitoire. L'action étatique est considérée comme néfaste et inutile car, même si les déséquilibres temporaires sont possibles, les crises générales sont réputées être impossibles. De plus, Say pense que l'impôt a un rôle néfaste.

- Disponibilité des ressources naturelles

Jean-Baptiste Say est très optimiste quant à la disponibilité des ressources naturelles. Il affirme : « Les richesses naturelles sont inépuisables, car, sans cela, nous ne les obtiendrions pas gratuitement. Ne pouvant être ni multipliées ni épuisées, elles ne sont pas l'objet des sciences économiques ». Elle s'oppose à l'économie de la demande de Malthus.

Les classiques apportent de l'eau au moulin des physiocrates. Ils identifient un lien entre les secteurs formalisés : le marché. Le travail et l'accumulation des richesses ne sont possibles que s'il y a un marché qui propose des biens utiles. Ils abordent la dimension sociale et pensent que l'harmonie sociale passe par l'égoïsme des individus (Smith). En ce qui concerne les ressources naturelles, certains (Say) pensent qu'elles sont inépuisables alors que d'autres (Malthus) avertissent de leur précarité.

CHAPITRE 3

DES AUTEURS POSTCLASSIQUES

Ce chapitre a choisi de présenter les théories de Karl Marx, de John Maynard Keynes ainsi que les modèles de Horrad/Domar et de Robert Solow. À part Karl Marx, les autres auteurs sont aussi qualifiés de néoclassiques. Ils synthétisent et font évoluer les fondamentaux de la pensée libérale développée par les classiques. Karl Marx voit une contradiction dans le système capitaliste.

3.1 La pensée de Karl Marx

Marx va au-delà de l'économie. Il a une conception historique du matérialisme qui s'applique à l'étude de la vie sociale, comme à celle de la société et de l'histoire de la société. Mais, **le marxisme économique** est l'économie politique proposée dans les travaux de Karl Marx, et par extension les théories qui s'en sont inspirées.

Cette conception le conduit à considérer le travail comme source unique de valeur. Par conséquent, il théorise la lutte des classes affirmant que le profit des capitalistes est un résultat de l'exploitation de la force de travail des prolétaires. Marx part du principe de l'exploitation. En effet, il pense que le capitaliste exploite le travailleur en lui subtilisant une plus-value (c'est le « surtravail »). Pour lui, le capitaliste ne paye que la valeur de la force de travail. Or, il distingue deux choses bien différentes : **la valeur de la force de travail** et **la valeur produite par cette force**. Le coût d'un ouvrier pour pouvoir travailler et le coût réel de son produit diffèrent énormément. Un travailleur produit plus de valeur qu'il ne lui en coûte pour travailler et vivre, lui et sa famille. Le capitaliste tire son profit de cette différence, qui est la plus-value.

Dans la valeur du produit, il y a ainsi :

- la valeur des moyens de production consommés dans la fabrication du produit ;

- la valeur du travail payé (constitué par la valeur de la force de travail utilisée, donc le montant des salaires) ;

- et l'autre partie du travail fourni par l'ouvrier qui n'est pas payée et qui constitue la plus-value empochée par le propriétaire des moyens de production. Celui-ci devient par ce mécanisme un capitaliste.

Marx tire de ces fondamentaux une théorie selon laquelle les tendances internes du système capitaliste recèlent des contradictions indépassables, qui vont déclencher systématiquement et de manière récurrente, des crises économiques. Il l'explique par le concept de baisse tendancielle du taux de profit. Marx considère que les capitalistes sont tentés d'accroître leurs capacités de production par des innovations technologiques, pour obtenir un avantage temporaire sur leurs concurrents, appelé plus-value relative. En clair, le capitaliste a tendance à rechercher la meilleure combinaison Capital/Travail, à augmenter au mieux l'intensité capitalistique de façon à réduire le prix de vente dans une situation concurrentielle vis-à-vis des autres producteurs. Cependant, cette substitution de la machine au travailleur a pour conséquence, à terme, la réduction de la plus-value du capitaliste, puisque celle-ci provient de la baisse du salaire du travailleur ou du jeu fait sur celui-ci.

Cependant, Marx dit qu'il existe des contre-tendances à cette baisse. Les capitalistes tentent de la compenser en accroissant leurs débouchés, ou en augmentant le taux de plus-value (en baissant les salaires par exemple). On pourrait envisager un *état stationnaire*, mais le problème est que la substitution du travail par le capital engendre de plus en plus de chômage, une *armée de réserve de travailleurs*, ce qui conduit inexorablement la société vers des conflits sociaux.

À terme donc, le capitalisme croule sous le poids de ses contradictions. C'est l'état de crise permanent, qui ne peut être évité que temporairement par l'expansion économique à des marchés vierges, ou par l'emballement de la croissance technologique.

Fondamentalement, Marx voit dans l'histoire humaine les deux points suivants :

- les hommes font leur propre histoire en se basant sur des conditions héritées du passé telles que la reproduction matérielle de la société ;

- l'histoire humaine ne suit pas un déroulement linéaire vers le progrès. Pour Marx, le devenir de toute réalité se comprend dans la triade composée de l'affirmation (la thèse), la négation (l'antithèse), et la négation de la négation (la synthèse). Il pense que cette triade s'inscrit dans l'évolution de l'activité humaine et ne se déduit pas seulement de la nature de l'esprit. Ainsi, les conditions économiques et matérielles déterminent l'anatomie d'une société. C'est la réalité sociale qui détermine la conscience des hommes et pas le contraire. Il essaie de faire reposer cette idée sur une base scientifique et matérielle : la conscience est rattachée à un mode de production qui est un ensemble composé d'une infrastructure (outil, travail, rapports techniques et sociaux de travail) et d'une superstructure (religion, droit, morale, idéologies, sciences).

Pour Marx, l'évolution de la pensée et de la société humaine suit donc une course dialectique. Plusieurs modes de productions (féodalisme, esclavagisme, capitalisme...) se succèdent. Chaque mode se heurtant à un moment donné aux contradictions entre les institutions et les forces productives. Celles-ci trouvent leur résolution dans le mode qui leur succède. À terme, ces contradictions doivent, par l'action consciente de l'Humanité (et du prolétariat en particulier), se réconcilier dans une synthèse, le communisme.

3.2 John Maynard Keynes et la théorie générale de l'emploi, de l'intérêt et de la monnaie

John Maynard Keynes est à l'origine d'une importante évolution de la science économique avec son œuvre principale, la ***Théorie générale de l'emploi, de l'intérêt et de la monnaie*** (*The General Theory of Employment, Interest and Money*) parue en 1936.

L'ouvrage est considéré comme le traité de sciences économiques du XXe siècle ayant le plus influencé la façon dont le monde a abordé l'économie et le rôle du pouvoir politique dans la société. Il serait le document fondateur de la macroéconomie moderne.

Les théories de Keynes ont régné, sans partage, sur les gouvernants occidentaux pendant plus de trente ans. Keynes développe l'hypothèse selon laquelle la demande est le principal facteur déterminant le niveau de la production et par conséquent celui de l'emploi. Les concepts novateurs apportés par Keynes sont :

- **le refus de la neutralité de la monnaie**. La monnaie n'est pas neutre ; elle est demandée pour elle-même. Alors la thésaurisation peut conduire à une insuffisance de la demande. Par ailleurs, la monnaie concerne des arbitrages intemporels d'agents qui prennent leur décision dans l'incertitude. C'est un pont entre le présent et l'avenir. L'efficacité marginale du Capital est explicative de l'investissement qui est la « cause » déterminante de l'épargne. Il renie de ce fait la loi sur les débouchés (de Say) selon laquelle toute offre trouvera obligatoirement une demande ;

- **l'équilibre du sous-emploi** : Keynes part du principe de la demande effective qui est une demande globale anticipée (demande de biens de consommation et demande de biens de production) par les entrepreneurs qui détermine le niveau de la production donc le niveau de l'emploi. Pour Keynes, la *demande effective* s'écarte anormalement, dans les communautés devenues riches, de la demande totale définie par la théorie classique. Lorsque l'emploi croît, le revenu total de la société s'accroît, mais la psychologie de la société empêche les gens de consommer autant que leurs revenus le leur permettraient. Dans une communauté riche (indolente), les gens sont amenés à épargner plus qu'ils ne consomment. Une importante accumulation de capital fait que les opportunités d'investissement se font moins attractives pour des détenteurs de capitaux. Ceux-ci ont tendance à devenir rentiers, à moins que les taux d'intérêt ne chutent suffisamment rapidement. Aucun mécanisme ne peut assurer que la demande effective se fixe à un niveau compatible avec le plein emploi.

- **l'intervention de l'État** : il formule la « fin du laissez-faire ». L'économie ne peut plus fonctionner sur la base de mécanismes automatiques. Le marché n'est plus autorégulateur. Une intervention discrétionnaire de l'État est donc nécessaire pour maintenir l'économie au voisinage de l'équilibre du plein emploi.

Il identifie les éléments sur lesquels on ne peut agir qu'à long terme : la quantité et le niveau de qualification de la main-d'œuvre, la quantité et la qualité des équipements disponibles (infrastructure), les techniques existantes, le degré de compétition, les goûts et habitudes du consommateur, les structures sociales, etc.

Dans le cours terme, il distingue des variables *indépendantes* et des variables *dépendantes*. Les variables indépendantes sont la *propension à consommer, l'efficacité marginale du capital* et le *taux d'intérêt*, tandis que les variables dépendantes sont le *volume de l'emploi* et le *revenu global*. L'État doit donc intervenir en focalisant son action sur les variables indépendantes.

Il faut donc en premier lieu amener la banque centrale à abaisser son taux directeur. En second lieu, de concert avec les banques privées, il faut mener une action psychologique appropriée pour faire diminuer la préférence des gens pour les liquidités, de manière à ce que, relayant la baisse du taux directeur, l'ensemble des taux d'intérêt bancaires baisse. L'objectif est d'augmenter la propension à consommer de même que la quantité de monnaie en circulation. Ceci provoquera une augmentation des prix, autrement dit une baisse du revenu réel qui, combinée à la baisse des taux d'intérêt, accroîtra les perspectives de retour sur le capital, relançant ainsi l'investissement et l'emploi.

Évidemment, tout ceci exige que les acteurs impliqués acceptent de jouer le jeu. La banque centrale doit accepter d'être à l'écoute des exigences de l'État, les banques privées doivent accepter que l'État mette le nez dans leurs affaires, les entrepreneurs doivent accepter d'investir avant de voir s'accroître leurs bénéfices, et les syndicats doivent accepter une réduction du revenu réel des travailleurs. Keynes estimait qu'un État totalitaire pouvait plus facilement imposer ces mesures.

3.3 Modèle de Harrod-Domar : Économie Keynes (cycles épargne investissement dans le long terme).

Le modèle de Harrod et celui de Domar sont proches, même si leurs problématiques ne sont pas identiques. Domar ne cherchait qu'à attirer l'attention (des keynésiens) sur les effets de l'investissement sur le plein emploi au-delà de la courte période, tandis que Harrod visait à dynamiser la théorie keynésienne pour en faire un modèle de la croissance à long terme. Domar abandonnera d'ailleurs son modèle au profit du modèle néoclassique de Robert Solow.

Le Modèle de Domar

La problématique de Domar consiste à prolonger l'analyse keynésienne des effets de l'investissement sur la longue période.

Pour Domar, tout investissement a deux effets. À court terme, il augmente la demande globale, puisqu'il implique une demande de biens de production. Au-delà du court terme, l'investissement a également un effet sur l'offre : il conduit, à accroître les capacités de production. (*Keynes qui se situe dans la courte période néglige volontairement et explicitement cet effet de l'investissement sur demande*).

Domar se demande donc à quelle condition l'accroissement du revenu est compatible avec l'augmentation des capacités de production. Comment augmenter l'offre (à travers l'investissement) en prenant en compte l'augmentation de la demande ? Il faut trouver un niveau d'équilibre pour ne pas augmenter les capacités de production plus que la demande. Sinon, il y aura chômage. Ainsi, il rejoint Keynes :

- *« l'équilibre de sous-emploi est le plus probable dans une économie de marché. L'augmentation de l'investissement ne suffit pas, la plupart du temps, à générer une demande suffisante face aux capacités de production supplémentaires qu'elle induit : le chômage en est la conséquence »*.

- L'État a un rôle essentiel de régulateur de la demande globale.

- Il peut ainsi stimuler la demande, sans augmenter l'investissement et donc sans accroître les capacités d'offre, restaurant ainsi l'équilibre de plein emploi.

- Il peut modifier, par sa politique fiscale notamment, la répartition des revenus de manière à accroître les revenus des plus pauvres, qui épargnent également le moins, au détriment des plus riches. Cela a pour effet de diminuer la propension à épargner de l'économie.

Ce modèle apparaît limité, car il n'incorpore aucune fonction d'investissement et ne fait que transposer deux conditions d'équilibre de courte période sur la longue période. Le modèle de Harrod, en incorporant une fonction d'investissement rudimentaire, permet de dépasser en partie cette limitation.

Le modèle de Harrod

Le modèle de Harrod s'articule autour de trois notions fondamentales :

a) **Le taux de croissance garanti**. Il correspond au taux de croissance permettant l'équilibre sur le marché des biens sur la longue période. Cet équilibre pour lequel les décisions d'épargne des ménages sont égales aux décisions d'investissement des entreprises *ex ante* sur le long terme, permettant ainsi les investissements désirés par les entrepreneurs d'être réalisés ;

b) **le taux de croissance réalisé**. Il s'agit du taux de croissance effectif de l'économie ;

c) **le taux de croissance naturel de la population active**. Il est supposé être exogène à l'économie.

Deux questions essentielles se posent pour Harrod. Premièrement, à quelles conditions le taux de croissance réalisé peut-il être égal au taux de croissance garanti ? L'économie peut-elle permettre un équilibre durable des décisions d'épargne et d'investissement, de manière durable ? Sa réponse fut la suivante : il n'y a pas de raison pour que le taux de croissance réalisé, qui dépend de décisions individuelles, respecte ce ratio, qui dépend des structures de l'économie (de sa propension à épargner et de son coefficient de capital).

Deuxièmement, le taux de croissance garanti est-il compatible avec le taux de croissance naturel de la population ? Le taux de croissance d'équilibre de l'économie est-il suffisant pour que l'augmentation de la population active ne débouche pas sur une augmentation du chômage ?

Pour répondre, il pose l'hypothèse selon laquelle le taux de croissance de la population est exogène à l'économie : il ne dépend que de la croissance de la population, qui n'est pas influencée par les phénomènes économiques. Pour que le taux de chômage reste stable, il faut que la population active augmente au même rythme que le taux de croissance garanti. Or ces variables sont indépendantes, les unes des autres. Ainsi, il n'y a aucune raison pour que cette hypothèse soit réalisée. Par conséquent, pour Harrod, la croissance est fondamentalement instable et porteuse de chômage. On retrouve les mêmes conclusions que chez Domar.

Ainsi, le **modèle Harrod-Domar** est le premier modèle économique formalisé de la croissance. Il vise à étendre sur la longue période la théorie générale de Keynes, qui ne portait que sur le court terme. Tout comme la *Théorie générale*, le modèle de Harrod-Domar vise à faire ressortir le caractère instable de la croissance économique, et la nécessité de l'intervention étatique. Dans le modèle Harrod-Domar, rien ne garantit qu'une économie soit sur un sentier de croissance stable.

Deux enseignements peuvent être tirés du modèle Harrod-Domar pour l'économie du développement.

L'enseignement 1 stipule que l'intervention de l'État dans la vie économique par le biais des dépenses publiques peut empêcher une économie d'être vouée à la ruine.

Le modèle de Harrod-Domar est conçu initialement comme un modèle du cycle des affaires, mais il a aussi une importante influence sur l'économie du développement. Si on considère que la productivité du capital est constante, car dépendante de paramètres technologiques, le modèle suggérait que le seul moyen pour un pays en développement d'accroître son taux de croissance passait par une augmentation de son épargne. L'épargne privée étant insuffisante dans les pays en développement, seuls l'aide étrangère et l'État, par une politique d'excédents budgétaires, pouvaient accroître le taux d'épargne de l'économie, finançant ainsi un taux d'investissement plus élevé.

L'enseignement 2 voudrait que l'instabilité de la croissance chez Harrod et Domar soit due à la « surdétermination du modèle ». Il suffirait de rendre endogène un de ces paramètres pour retrouver un résultat de stabilité de la croissance économique et donc du système capitaliste.

L'endogénéisation du taux de croissance de la population : il serait alors nécessaire de trouver un mécanisme qui permette de gérer le taux de croissance de la population en fonction du taux d'épargne social et de la technologie. Par ainsi, à technologie identique, le taux de croissance de la population devrait être d'autant plus élevé que le taux d'épargne est grand. Réciproquement, le taux de croissance de la population devrait être d'autant plus élevé que la technologie est efficace. On constate empiriquement que les pays qui ont un fort taux de croissance de la population n'ont ni un taux d'épargne élevé ni une technologie très performante !

L'endogénéisation du taux d'épargne social : Il serait alors nécessaire de trouver un mécanisme qui permettrait d'ajuster le taux d'épargne social. On suppose que l'économie est constituée d'une part de capitalistes qui vivent du revenu du capital et d'autre part de travailleurs qui vivent du revenu de leur travail. Alors, il faut faire varier le taux d'épargne social entre deux bornes, une qui est basse représentant le taux d'épargne des travailleurs et une qui est élevée constituant le taux d'épargne des capitalistes.

L'endogénéisation de la technologie : Il faut introduire la substituabilité des facteurs de production, dans le long terme.

Limites du modèle

Harrod et Domar apparaissent pessimistes : pour eux, la croissance est toujours « sur le fil du rasoir » (Harrod) : elle est fondamentalement instable, et peut s'accompagner d'un chômage durable. Seul l'État est à même de stabiliser le sentier de croissance de l'économie, en régulant la demande globale.

Ce modèle garde sa cohérence interne mais ses postulats peuvent faire l'objet de critique.

- H1 : la propension à épargner est stable, et ne dépend pas des autres variables du modèle. Il apparaît que, sur le long terme, la propension à épargner d'une économie varie. Des post-keynesiens de Cambridge (Robinson et Kaldor) ont alors élaboré à partir du modèle de Harrod-Domar et de l'œuvre de Michael Kalechi, des modèles de croissance où l'épargne joue le rôle de variable d'ajustement.

- H2 : le travail et le capital ne sont pas substituables : toute augmentation de la production implique un accroissement proportionnel du capital et de la main-d'œuvre. La fonction de production est ainsi supposée être à proportion de facteurs fixes.

Mais cette hypothèse est difficile à soutenir pour le long terme. Sur une longue période, les entrepreneurs peuvent, par exemple, substituer de la main-d'œuvre au capital, si le prix relatif de la main-d'œuvre baisse par rapport à celui du capital.

D'ailleurs, Robert Solow a développé un modèle avec une fonction de production où capital et travail sont substituables : si le coefficient de capital est variable, alors la croissance peut être durable. C'est ce modèle qui fait aujourd'hui encore figure de référence en sciences économiques, donnant au modèle de Harrod-Domar une valeur avant tout historique.

3.4. Modèle de Robert Solow : (2 facteurs internes : capital et travail, 1 facteur externe : technologie)

Robert Solow est né à New York où il a grandi. Intéressé par les mouvements sociaux, il entre à Harvard à 16 ans et y étudie la sociologie et l'anthropologie. Il s'intéresse aussi à l'économie, mais de manière peu poussée. Après la guerre, il réintègre Harvard en 1945 où il se focalise alors sur l'étude de l'économie. Il obtient son doctorat en économie. Son idée est que l'économie ne peut être séparée du social. Cette idée est illustrée par le Modèle de Solow qui est fréquemment utilisé dans l'étude de l'origine de la croissance économique. En effet, Robert Solow a construit un modèle formel de la croissance, à partir d'une réflexion critique sur le modèle de Harrod-Domar. Le modèle de Harrod était un modèle pessimiste qui pouvait être utilisé par les marxistes pour annoncer la fin du Capitalisme. Le modèle de Solow est de nature optimiste car il ne prévoit pas de situation de crise. Il constitue un modèle de référence en science économique.

Critiqué par les néoclassiques et les keynésiens, Solow appartiendrait à l'école de Synthèse. Son modèle se fonde sur une fonction de production à deux facteurs : le travail et le capital. La production résulte donc exclusivement de la mise en combinaison d'une certaine quantité de capital et de travail (main-d'œuvre).

Le modèle de Solow

Son hypothèse primaire est le suivant : les facteurs de production connaissent séparément des rendements décroissants. C'est-à-dire qu'une même augmentation du volume d'un des facteurs de production répétée plusieurs fois entraîne une augmentation de moins en moins grande de la production. Il pose ensuite deux hypothèses :

- les facteurs de production sont utilisés de manière efficace par tous les pays,

- la population connaît un taux de croissance qualifié de « naturel » (non influencé par l'économie).

Il en déduit trois prédictions :

a) l'investissement (augmentation de la quantité de capital) augmente la croissance. Il influence la main-d'œuvre qui augmente sa productivité ;

b) les pays pauvres pourraient avoir un taux de croissance plus élevé que les pays riches. Toute augmentation de capital y engendrera une augmentation de la production proportionnellement plus forte que dans les pays riches. Ces derniers ont en effet accumulé moins de capital, et connaissent donc des rendements plus faiblement décroissants ;

c) toutes les économies, en raison des rendements décroissants des facteurs de production, vont atteindre un point où toute augmentation des facteurs de production n'engendrera plus d'augmentation de la production par tête. Ce point correspond à l'état stationnaire.

Solow note toutefois que cette troisième prédiction est irréaliste. En fait, les économies n'atteignent jamais ce stade, en raison du progrès technique qui accroît la productivité des facteurs. En effet, pour Solow, sur le long terme, la croissance provient du progrès technique. Toutefois, ce progrès technique **est exogène** au modèle, c'est-à-dire qu'il ne l'explique pas mais le considère comme donné (telle une « manne tombée du ciel »). Fondamentalement, le modèle de Solow est celui de la croissance exogène. Il met en avant le rôle crucial du progrès technique dans la croissance économique. Pour lui, le développement économique s'explique par trois paramètres :

- l'accroissement du facteur de production « capital (au sens d'investissement) »,

- l'accroissement du facteur de production « travail (quantité de main-d'œuvre) »

- et le progrès technologique.

Ainsi, c'est surtout la **qualité du travail** qui détermine la croissance mais pas la quantité (augmentation des heures de travail). On peut travailler moins et produire plus, grâce notamment au progrès technique incorporé (grâce à l'investissement) dans le capital. Il faut une qualité du travail plus élevée, des moyens et méthodes de production plus sophistiqués et fortement exigeants en qualification. C'est ainsi seulement que le nombre d'heures et la qualité effective peuvent jouer en faveur de la croissance économique si et seulement si **les revenus sont proportionnels à la hausse de la productivité. Sauf que** la technologie est un facteur exogène dans le modèle. Ainsi, le progrès y apparaît comme un résidu. Un résidu surprenant en termes d'ampleur et de son importance dans l'explication de la croissance. Ce résidu explique à plus de 80 % la croissance américaine, selon le modèle.

Le modèle de Solow a été représenté, en 1961, par la fonction de production **CES** (***Constant Elasticity of Substitution***) qui est une forme particulière de la fonction de production néoclassique. Dans l'approche de Solow, la variation de 1 % du taux marginal de substitution technique (TMST) entraîne des variations constantes des proportions des facteurs (capital et travail) qui dépendent de la technologie de production. Inada (économiste japonais) émet sur cette fonction de production des assertions permettant de garantir la stabilité de la croissance économique dans le **modèle de Solow**. Ce modèle, en fonction des assertions, permet aussi de prendre en compte des indicateurs macroéconomiques (PIB, épargne, capital et travail).

Les enseignements du modèle de Solow

Le modèle de Solow permet d'identifier trois enseignements :

- **L'équilibre stationnaire :** Le modèle de Solow est en équilibre stable. Pour lui, toutes les économies convergeront vers un état d'équilibre de long terme. On parle d'« équilibre stationnaire ». En l'absence d'intervention publique, toutes les économies devraient converger vers l'équilibre. Sauf que la vérification empirique est contrastée : la Chine ou l'Irlande ont montré leur capacité à rattraper les économies occidentales, alors que d'autres économies comme celles des pays africains ne décollent pas.

Dans le modèle, le seul déterminant de la vitesse de convergence est le taux d'épargne des agents économiques. Les variables par tête n'évolueront plus, alors que les variables en niveau continueront d'évoluer au taux de croissance démographique. Ainsi et fondamentalement, l'économie en état de croissance équilibré voit son activité croître au même rythme que sa population. Il rejoint le modèle de Harrod.

- **L'appauvrissement de l'économie :** Le modèle de Solow met en évidence l'existence d'un lien entre un fort taux démographique et la pauvreté. En effet, une hausse de la démographie, toutes choses égales par ailleurs, entraîne une diminution du capital par tête, ce qui conduit à l'appauvrissement du pays. Cela rejoint l'idée de Malthus.

- **L'enrichissement de l'économie** : Une hausse des taux d'épargne entraînera, toutes choses égales par ailleurs, une hausse du capital par tête donc une hausse de la richesse.

Critiques du modèle

Certains économistes (Grégory Mankiw, David Romer, David Weil) reconnaissent l'intérêt du modèle pour comprendre les relations entre épargne, croissance de la population et revenu. Pour eux, bien que simple, le modèle de Solow donnait des résultats « remarquables » pour expliquer les différences de richesses entre les pays riches et les pays pauvres. D'autres pensent que le modèle de Solow serait construit sur des hypothèses simplificatrices. C'est le cas de Joan Robinson qui relève le caractère peu réaliste du modèle et parle de « royaume de Solowie ». Mais, la critique majeure est faite par Adbusters qui taxe le modèle de croissance de Solow d'être « simpliste au point d'en être éminemment trompeur ». La croissance économique ne saurait seulement s'expliquer par le capital, la main-d'œuvre et le progrès technologique.

Par exemple, pour construire et utiliser l'automobile, on a besoin, non seulement, d'outils, de travailleurs et de connaissances, mais aussi de ressources naturelles (acier, caoutchouc, combustibles fossiles). Adbusters conclut qu'*« à ce jour, les modèles de croissance néoclassiques dérivés de celui de Solow sont toujours irrémédiablement voués à l'échec d'un point de vue biophysique »*[29]. Malgré cette mise en garde, des auteurs ont bâti leurs travaux à partir du modèle de Solow.

Évolutions du modèle

En France des économistes de l'INSEAD ont développé une théorie de la croissance du travail utile. Elle montre que le rendement de la conversion de l'énergie primaire en travail utile (*exergie*) est une bonne mesure du résidu de Solow, ou progrès technique. Elle montre aussi qu'historiquement, ce travail utile a été le plus grand contributeur à la croissance économique.

Daniel Khazzoom et Léonard Brookes considèrent la production économique comme une fonction du capital, du travail et de l'énergie, conduisant au paradoxe sur

[29] https://fr.wikipedia.org/wiki/Robert_Solow

l'efficacité énergétique aujourd'hui connu sous le nom de postulat de Khazzoom-Brookes.

Par ailleurs, le modèle de Solow a été utilisé dans les théories du développement. En effet, dans son prolongement, des modèles de croissance endogène ont été développés dans les années 1980 pour répondre au problème de l'origine du progrès technique, qui sera rendu endogène dans ces modèles.

Les théories postclassiques reconnaissent d'emblée la valeur du capital et du travail dans le modèle occidental. Elles postulent la nécessité d'intégrer les dimensions économique et sociale dans la marche de la société occidentale (structurée et formalisée). Elles proposent alors l'intervention de l'État pour mieux gérer cette intégration. Pour les théories néolibérales, l'État doit mettre fin au laisser-aller et intervenir sur la monnaie et la lutte contre le chômage pour rendre plus efficace le cycle épargne-investissement. En plus, il faut rendre endogènes le taux de croissance de la population, le taux d'épargne sociale et la technologie. Solow met en exergue l'importance de la dimension technologique dans le développement socio-économique occidental. Il est critiqué d'avoir oublié la dimension biophysique. Mais pour les théories marxistes, ces mesures sont insuffisantes car elles ignorent la force produite par le travail. Elles ne prennent pas aussi en compte la structuration de la société avec, d'une part, la superstructure (religion, droit, morale, idéologies, sciences) et, d'autre part, la structure (outils de travail, rapports techniques et sociaux). Dans la perspective de cet ouvrage, cette relation entre structure et superstructure est intéressante. Elle sous-entend les forces internes (superstructure) et les forces extérieures (structure) de l'homme.

DEUXIÈME PARTIE

LES THÉORIES DU DÉVELOPPEMENT

La Seconde Guerre mondiale marque la naissance de nouvelles puissances hégémoniques que sont les USA et l'URSS. Elles appuient la reconstruction des anciennes puissances européennes et ensuite se montrent favorables à la décolonisation. Une décolonisation relativement rapide se met en place et entraîne la naissance de nouveaux pays. Deux éléments apparaissent dans la caractérisation différentielle entre les nouveaux pays indépendants et les pays européens : l'économie et les technologies. Les pays européens dits développés ont assez d'argent et des technologies alors qu'il en manque dans les pays sous-développés. Les écarts entre les pays avaient commencé à s'intensifier avec la Révolution Industrielle (XIXe siècle). Ainsi, le sous-développement, d'emblée bidimensionnel (technologique et économique) est donc relativement récent dans l'histoire de l'humanité. Il est ainsi perçu comme une situation dans laquelle les caractéristiques économiques et technologiques d'un pays l'empêchent d'assurer à sa population la satisfaction de ses besoins vitaux ou fondamentaux.

En réalité, les pays sous-développés ne sont pas caractérisés par leurs spécificités propres mais par ce qui leur manque pour atteindre le « développement ». Et pourtant, la décolonisation se fait sous différentes formes (négociations, guerres, précipitations) entraînant la naissance de pays nouveaux et diversifiés sur le plan des infrastructures, de l'éducation, des élites, etc. L'Asie est décolonisée sans grande fragmentation. L'Afrique subit une forte balkanisation.

Mais les premières théories du développement des années 1940 ne prennent pas en compte cette diversité. Elles tentent de donner de l'argent et des technologies à tous les pays sous-développés en d'autres termes de consentir pour les autres la même recette qui leur a été appliquée[30]. Ainsi, les théories du développement des années 1950-1960, écrites par des économistes, ont pour objet d'expliquer comment les pays sous-développés peuvent rattraper économiquement les pays développés. À cette époque, les vieilles nations industrielles restaient le modèle à suivre.

Ce sont les théories du rattrapage qui vont fondamentalement marquer les sciences du développement. À l'épreuve de son application et de ses résultats, d'autres théories et mouvements vont naître. Avant les années 1990, ces théories pouvaient être classées en deux catégories : les théories néolibérales (décollage, dualisme) et les théories néo-marxistes (structuralisme, dépendance latino-américaine, dépendance africaine). Ces deux catégories sont présentées au niveau des deux premiers chapitres de cette partie. Le dernier chapitre, intitulé « les théories post-développement », présente les notions de développement humain et de développement durable.

[30] Il faut noter que ceci est, quelque part, favorisé par la naissance à la conférence de Bandung de 1955 du Tiers-monde qui a voulu gommer les différences et donner l'image d'un ensemble uni et revendicatif des nouveaux pays indépendants.

CHAPITRE 4

LES THÉORIES NÉOLIBÉRALES DU RATTRAPAGE TECHNOLOGIQUE ET ÉCONOMIQUE

Les théories du rattrapage sont nées dans les années 1950. Elles cherchent à faire rattraper le modèle des pays riches en argent et technologies par les pays pauvres. Malgré une inspiration libérale, toutes ces théories semblent faire de l'État le moteur du développement. Elles sont aussi nommées « Théories du développement par la croissance », au moment où le développement ne se différenciait pas encore de la croissance.

Le rattrapage du développement qui est en phase avec l'école de la modernisation économique américaine peut être divisé en deux grandes théories : la théorie de décollage ou d'industrialisation (Rostow, Nurkse et Rosensteinn, Hirschman,), la théorie dualiste ou de développement agricole (Lewis). Ces deux théories reposent sur la modernisation américaine.

4.1 Pensée de la modernisation américaine

La vision modernisatrice est au cœur de la problématique de l'articulation entre secteur traditionnel (à dominante agricole) et secteur moderne (à dominante urbaine et industrielle). Cette problématique entraîne dans tous les domaines et toutes les disciplines, une sorte de partage des théoriciens de la modernisation, entre optimistes et pessimistes, selon leur évaluation de la capacité de faire « bouger » ou non la société traditionnelle pour y faire apparaître des germes de modernisation.

Ainsi, les théoriciens de la modernisation ont appliqué une approche fonctionnaliste et comparatiste des sociétés, sur la base d'une dichotomie fondamentale entre sociétés traditionnelles et préindustrielles, d'une part, et sociétés modernes industrielles, d'autre part. Cette dichotomie a été présentée comme le fondement conceptuel de la distinction entre « sous-développement » et « développement ».

Toutes les théories étaient donc basées sur une approche tripartite à savoir le point de départ (le pré-moderne), le processus de modernisation, le point d'arrivée (la modernité). Toutes partageaient une vision téléologique et linéaire du développement et le point de départ y était décrit en antithèses des caractéristiques d'arrivée. Une société moderne est celle qui est hautement différenciée, capable de s'adapter continuellement aux exigences du changement, tout en produisant les mécanismes d'intégration nécessaires.

La singularité du contexte historique qui a suivi la Seconde Guerre mondiale a joué un rôle central dans la constitution de la pensée sur le développement, et sur la manière dont ce dernier a été conçu. L'hypothèse de départ, présentée ici est que cette époque a vu une tentative beaucoup plus volontariste et systématique, de redessiner l'« ordre des peuples et des gens » autour d'une refondation de l'« ordre des choses et des individus »[31].

Les deux aspects ont été liés à travers un projet idéologique, dont les composantes économiques et sociales étaient interdépendantes. C'est à cause de la menace communiste perçue par les élites nord-américaines et ouest-européennes que s'est établi un compromis entre eux. Ils souhaitaient privilégier le libre-échange et reconnaissaient qu'un espace d'autonomie devait être reconnu aux États, y compris aux États-Unis, pour mener des politiques économiques et

[31] PEEMANS, Jean Philippe, *idem*.

sociales correspondant aux priorités nationales des coalitions au pouvoir.

C'est ce contexte qui permet d'expliquer la nature particulière et le rôle dévolu aux organisations de Bretton Woods (FMI et Banque Mondiale), ainsi que le compromis fait en 1947 autour de la nature du GATT[32].

Ces institutions étaient fondées sur le principe du libre-échange mais leurs compétences et prérogatives se voyaient limitées par la reconnaissance du pouvoir des États à défendre leur autonomie de décision lorsque l'intérêt supérieur national le requérait. En outre, ces institutions devaient aider les États à résoudre leurs problèmes de balance de paiements et de besoin d'investissement, sans qu'ils soient contraints de revenir aux politiques déflationnistes des années 1930.

La croissance économique était ainsi mise *ipso facto* au cœur du « nouvel ordre des choses et des individus ». Elle était la base du compromis réalisé à Bretton Woods entre Américains plus libre-échangistes et Européens plus interventionnistes.

Ainsi, le « développement » resta centré sur l'ordre universel des choses pour une reconstruction de l'ordre des peuples et des gens. L'« ordre des choses et des individus » renvoyait à la question des fondements de la croissance économique comme moteur du progrès social, et l'« ordre des peuples et des gens » à un projet politique.

Le discours de la modernisation avait à la fois un aspect d'autolégitimation du modèle américain de développement et un aspect messianique d'obligation de diffuser ce modèle à l'échelle mondiale pour permettre à l'ensemble des peuples et des gens de partager les « bienfaits du rêve américain ».

32 SCAMMEL, William Mc (1980). *The International Economy since 1945*. London : Macmillan.

Il y a deux caractéristiques majeures qui en découlent. Le projet pensé pour le développement mondial a nécessairement une composante Nord et une composante Sud. Les responsables américains sont concernés par les deux, notamment parce que le défi prioritaire pour eux, le communisme, est vu comme un projet mondial auquel ils doivent opposer l'une ou l'autre variante du projet libéral. De même, le projet se veut une pédagogie du progrès ouverte à toutes les élites du Nord et du Sud qui souhaitent redessiner l'« ordre des choses et des individus » dans les espaces nationaux dont elles ont la responsabilité pour contribuer à la mise en place de l'une ou l'autre variante du projet libéral.

D'emblée, le discours définit ce qui est et va être la perception dominante du Sud par les États-Unis et leurs alliés occidentaux, pendant un demi-siècle et à travers cela, le fondement d'une relation basée sur une « aide au développement » : les pays sous-développés sont caractérisés par une pauvreté de masse qui est une menace. Il faut soutenir ces pays arriérés par une aide technique. *« ... il faut lancer un programme audacieux pour soutenir la croissance des régions sous-développées... plus de la moitié de la population mondiale vit dans des conditions voisines de la misère... leur nourriture est insuffisante, elles sont victimes de maladie... leur vie économique est primitive et stationnaire, leur pauvreté constitue un handicap et une menace, tant pour eux que pour les régions les plus prospères... les États-Unis doivent mettre à la disposition des peuples pacifiques les avantages de leur réserve de connaissance technique afin de les aider à réaliser la vie meilleure à laquelle ils aspirent... avec la collaboration des milieux d'affaires, du capital privé, de l'agriculture et du monde du travail des États-Unis. Ce programme pourra accroître grandement l'activité industrielle des autres nations et élever substantiellement leur niveau de vie... une production plus grande est la clef de la prospérité et de la paix, et la clef d'une plus grande production, est la mise en œuvre plus large et plus vigoureuse du savoir scientifique et technique moderne... Nous espérons ainsi contribuer à créer les conditions qui finalement conduiront toute l'humanité à la liberté et au bonheur personnel... »*[33]

Les peuples et les gens du Sud se voient transformés d'acteurs de leur libération en « pauvres » (reconnus comme menaçants par ailleurs), en populations passives qu'il faut aider à sortir de la misère par une « multiplication des choses » supposées être le vecteur du bien-être et de la liberté.

Naturellement, c'est l'expertise des pays déjà industrialisés, là où l'« ordre des choses et des individus » s'est déjà imposé et a produit l'abondance matérielle, qui seule peut les aider à mettre en œuvre cette construction urgente du nouvel ordre des choses. En plus, il est clairement exprimé que cet ordre des choses, c'est tout simplement celui de la mise en œuvre d'un processus d'accumulation du capital, dont les agents sont tous les acteurs du capitalisme américain, transformés pour les besoins de la cause, en bienfaiteurs de l'humanité arriérée et souffrante.

Il est reconnu que la situation de « sous-développement » se présente comme un cas spécial, non envisagé par la théorie de la croissance. Il fallait lancer la croissance, la faire démarrer, et pour cela il fallait vaincre certains obstacles structurels. C'était là le rôle dévolu à l'État.

À ce stade, on peut dire rétrospectivement que les différentes disciplines (sociologie, économie et démographie notamment) qui ont contribué (ensemble ou séparément) à la conceptualisation de la modernisation,

---

[33] PEEMANS, Jean Philips, *ibidem*.

paraissent avoir partagé certaines caractéristiques[34] en commun :

- vision instrumentale de tous les aspects sociétaux par rapport à la croissance économique ;

- insistance sur la notion de seuil à franchir ou de rupture à réaliser pour passer du traditionnel au moderne, du sous-développement au développement ;

- structuration de la mesure sociétale en termes de relations entre grands agrégats macroéconomiques et démographiques ;

- vision mécanique et strictement quantitative des problèmes de population : frein ou instrument de la croissance ;

- vision schématique de l'histoire pour trouver les lois universelles de la modernisation, d'où une perspective convergente sur la construction d'une typologie ou d'une théorie de la transition.

La paysannerie au sens de Redfield[35], puisque c'est bien d'elle dont il s'agit essentiellement lorsque la théorie de la modernisation parle de société traditionnelle, se voit totalement refuser le rôle d'acteur d'une histoire, sa propre histoire, en train de se faire depuis des siècles. C'est pour elle qu'a été conçu « un projet de société » basé sur un dessein de l'ordre des choses et des individus.

4.2 Théorie de Rostow ou du décollage ou d'industrialisation

Rostow qui s'oppose au marxisme élabore sa théorie dans la ligne de la modernisation économique américaine.

---

[34] PEEMANS, Jean Philips, *ibidem*.

[35] REDFIELD, Robert (1956). *Peasant society and culture*. Ithaca : Cornell University Press.

Pour lui[36] le développement est un processus historique linéaire passant par des étapes définies, par opposition à la vision dialectique des théories marxistes. Chaque pays traverse les mêmes étapes pour passer du sous-développement au développement. Le développement, avant tout économique, entraîne par effet de « percolation » le développement social dont il ne faut pas s'occuper outre mesure.

Rostow pense que tous les pays seraient en train de parcourir le même chemin historique qui compte les cinq phases consécutives suivantes qui aboutissent au progrès :

- **la société traditionnelle agricole** est caractérisée par la part essentielle du secteur agricole, un système de valeur fondé sur le fatalisme, l'importance de l'organisation familiale, des connaissances fondées sur la tradition, la routine et la faiblesse de l'épargne ;

- **l'accumulation du capital (ou conditions préalables au décollage)** permet l'augmentation de la productivité, grâce aux techniques. L'optimisme se répand, les comportements changent vis-à-vis de l'industrie, du profit et de l'épargne ;

- **le décollage ou take-off** fait passer le taux d'investissement à 10 % du revenu national. Les élites créent des industries, diffusent des techniques, modifient l'organisation économique et sociale en un sens plus favorable à la croissance ;

- **la marche vers la maturité** élève le taux d'investissement à 20 % et le progrès se généralise à toute la société ;

- **la société de consommation de masse** permet la satisfaction des besoins fondamentaux par le développement du secteur des services.

[36] En 1960 Rostow « Les étapes de la croissance économique » selon http://fr.wikipedia.org/wiki/Walt_Whitman_Rostow

Les pays sous-développés doivent atteindre la société de consommation en passant par les étapes précédentes. Mais, ils ont la chance de pouvoir accélérer leur rythme de passage (moteur de croissance) en bénéficiant des acquis et de l'expérience du monde développé. Ainsi, il faut d'abord une phase rapide d'accumulation du capital qui sera suivi d'une phase de décollage permettant aux pays sous-développés de « rejoindre » les pays développés.

Rostow met l'accent dans la phase de décollage sur trois éléments : l'industrialisation, la relation entre croissance économique et développement général de la société et enfin la relation entre investissement en capital et croît économique. Il emprunte ainsi la notion de « secteurs d'entraînement » qui croissent beaucoup plus vite que l'économie dans son ensemble et constitue ainsi des facteurs de dynamisme pour le reste de l'économie.

Rostow a beaucoup influencé les pratiques d'aide au développement. Cette aide a souvent été considérée comme un effort bref et intense destiné à permettre de franchir un obstacle représentant une étape cruciale. Les critiques de Rostow pensent qu'il est impossible, dans l'histoire des pays développés et sous-développés, d'identifier une phase historique unique et relativement brève, correspondant à la période du décollage.

Remarque : les apports de Rosenstein, Nurkse et Hirschman sur la théorie du décollage[37]**.**

Ces auteurs ont essayé d'expliquer pourquoi la phase du décollage ne se réalise pas dans certains pays et ils ont proposé des mesures rectificatives

Pour **Rosenstein**, le domaine de l'industrialisation est marqué par la présence de **discontinuités** et le risque de **cercles vicieux**. L'implantation d'une entreprise isolée se

[37] http://fr.wikipedia.org/wiki/%C3%89conomie_du_d%C3%A9veloppement.

traduira par des surcoûts énormes qui risquent de la conduire à la faillite. L'infrastructure, la formation de la main-d'œuvre, l'organisation de l'approvisionnement, le marché pour ses produits, tous ces éléments fournis par l'environnement et la proximité d'industries complémentaires font défaut. Bien sûr, chaque nouvelle entreprise contribue à améliorer les perspectives de nouvelles implantations, mais cette mécanique d'entraînement mutuel ne se mettra en route que par l'intervention de l'État.

Nurkes, sur la base de cette idée, élabore la stratégie de « **croissance équilibrée** » qui consiste à agir sur **la demande et l'offre** pour briser les cercles vicieux qui s'opposent à l'industrialisation.

- **Côté demande**, il faut développer l'emploi industriel qui fournira les revenus nécessaires au développement d'un marché domestique.

- **Côté offre**, il faut s'assurer d'abord que les fonds nécessaires à l'investissement initial seront disponibles en dépit de la faiblesse de l'épargne et ensuite que les investissements industriels se réaliseront simultanément, de façon à maximiser les effets positifs de complémentarité.

L'intuition de Nurkse et Rosenstein était que chaque implantation nouvelle émettait des opportunités économiques potentielles qui se perdaient dans le vide environnant. Chaque investissement nouveau souffrait de l'absence d'activités connexes qui lui auraient permis de récupérer, par effet de retour ou de liaisons, une part de ces externalités positives.

Hirschman voit en l'accentuation des déséquilibres sectoriels une puissante force de développement. Son intuition est que, si ces externalités sont puissantes, elles créeront un « **effet d'appel** » suffisant pour engendrer les investissements connexes. La stratégie de croissance déséquilibrée consiste alors à concentrer les investissements dans les branches comportant le plus grand nombre de liaisons interindustrielles, c'est-à-dire les industries de biens intermédiaires, celles dont les produits servent de moyens de production (liaison en aval) et dont les besoins en moyens de production représentent des débouchés pour d'autres (liaisons en amont).

L'État doit intervenir pour rectifier le cours spontané des industrialisations, car les branches qui se développent en premier lieu sont les industries de biens de consommation finale, à partir d'inputs importés. Pour Hirschman, cette industrie ne peut constituer un pôle dynamique à elle seule. Il s'agit alors de mettre en pratique la stratégie de **l'industrialisation de substitution aux importations** (ISI). Le but de l'ISI est de limiter au maximum les importations de produits manufacturés « finaux » et de les remplacer par des biens d'équipement et des biens intermédiaires.

En effet, l'industrialisation était considérée comme la méthode par excellence du développement. Trois stratégies d'industrialisation ont été appliquées : la stratégie de substitution d'importations ; la stratégie des industries industrialisantes et la stratégie de promotions des exportations.

• **La stratégie de substitution d'importations** consiste à promouvoir un développement autocentré en favorisant l'industrialisation du pays par la production nationale de produits manufacturés. On s'appuie sur une protection tarifaire et une intervention volontariste de l'État par des aides à l'investissement. C'est un échec car la faiblesse de la demande intérieure a limité la rentabilité des investissements, les inégalités se sont accrues et l'État s'est fortement endetté d'où les problèmes de surendettement contemporains. C'est la politique suivie en Amérique latine.

• **La stratégie des industries industrialisantes :** il s'agit de développer des industries lourdes utilisant les matières premières existantes pour la fabrication de produits intermédiaires, puis des industries qui permettront à leur tour de produire des biens de plus en plus manufacturés. Par exemple, la présence de minerai de fer et de charbon favorise l'implantation d'une aciérie, qui permettra de développer par la suite une industrie automobile, etc. Elles ont été mises en place progressivement dans certains pays pétroliers comme l'Algérie, l'Iran, l'Iraq, à partir des années 1960. L'objectif est là encore la mise en place d'un développement autocentré à travers l'industrie lourde, afin d'asseoir l'indépendance technologique du pays. L'État planifie l'économie en utilisant la rente pétrolière pour ensuite favoriser l'essor des industries légères.

Les limites de cette stratégie résident en la capacité de la main-d'œuvre locale et dans le montant élevé des investissements nécessaires. Le coût des investissements initiaux fut élevé avec l'achat d'usines clés en main, en provenance des pays occidentaux mais avec une main-d'œuvre locale peu qualifiée. Par ailleurs, ces pays ont connu l'instabilité politique ou des guerres qui ont fragilisé la croissance et le développement.

• **La stratégie de promotion des exportations :** il s'agit de mettre en place des industries fabriquant des produits de masse, nécessitant peu de capital et utilisant la main-d'œuvre existante, abondante, peu qualifiée et peu payée. Cela permet de produire à prix réduit à la fois pour la consommation locale et pour l'exportation. On met en place une industrie manufacturière à partir d'une production faiblement capitalistique, s'appuyant sur un fort volume de travail non qualifié.

Cette méthode d'industrialisation se fait en remontant la filière. On commence par exemple par implanter une fabrique de tee-shirts, puis une industrie de tissage, puis des filatures de coton…

Cette stratégie vise à accroître le niveau d'insertion au commerce mondial de manière à accroître la croissance interne et le développement futur. Elle attire progressivement les firmes multinationales des pays industrialisés, intéressées par la faiblesse des coûts de main-d'œuvre. La compétitivité-prix du pays est forte, d'où l'essor progressif des exportations.

L'État est associé à ce développement à partir, initialement de régimes autoritaires militaires. Il maintient une sous-évaluation de la monnaie nationale par rapport au dollar, ce qui renforce la compétitivité des produits à l'export. L'État encourage et dirige une partie de l'épargne nationale vers les investissements et favorise la scolarisation et la formation de la main-d'œuvre intérieure, pour accroître le niveau du capital humain. La qualité de la main-d'œuvre progresse. Le contenu de la production se modifie avec une production plus capitalistique, incorporant plus de savoir-faire et de valeur ajoutée, avec notamment les transferts de technologies que concèdent les multinationales.

Cette méthode est plutôt prônée par les écoles libérales. Elle a été appliquée par les dragons asiatiques (Corée du Sud, Taïwan, Singapour, Hong Kong) et a permis la salarisation, la féminisation de la main-d'œuvre et l'essor du revenu moyen grâce à l'intervention de l'État, qui s'apparente à du protectionnisme offensif. Cette réussite répond donc peu aux seules procédures de marché.

La République populaire de Chine, qui avait au début misé sur le développement des industries lourdes s'est tournée avec succès vers la promotion d'industries d'exportation légères. Mais d'autres pays se sont heurtés à la concurrence qui a limité leur capacité d'exportation.

4.3 Théorie de Lewis : Dualisme et développement axé sur l'agriculture

La théorie de Lewis part d'un constat et d'un postulat.

Le constat est que les économies des pays sous-développés sont des économies duales. Il y a juxtaposition d'un secteur traditionnel sur un secteur moderne. Ces deux secteurs fonctionnent sur deux modes totalement différents.

Pour Lewis, le secteur capitaliste est caractérisé par l'emploi d'une main-d'œuvre salariée, la vente de produits avec une marge bénéficiaire. Les salaires du secteur capitaliste sont déterminés par les revenus du travail dans le secteur non capitaliste, mais légèrement supérieur pour inciter la main-d'œuvre à changer de secteur. Dans le secteur capitaliste, l'offre de main-d'œuvre est supposée parfaitement élastique, en raison de la faible productivité marginale du travail dans l'autre secteur. Dans ce secteur moderne, les besoins sont économiques, alors l'accumulation de biens et de marchandises est le but recherché.

Le secteur traditionnel est caractérisé par des entreprises individuelles ou faisant appel à une main-d'œuvre familiale et une productivité marginale du travail à peu près égale à zéro. Les salaires du secteur traditionnel sont égaux au produit moyen du travail. Ainsi dans ce secteur traditionnel, les besoins sont sociaux, l'avoir n'est pas une fin en soi.

Le **postulat**, comme celui de Rostow, est que la clef du développement économique réside dans une accumulation rapide du capital. Il se pose la question centrale de comprendre comment une économie passe de 5 % à 15 % d'investissement. Pour y répondre, il se concentre sur les **relations intersectorielles** entre les deux secteurs (capitaliste et traditionnel).

Cette vision dualiste entraîne une concentration sur les relations entre plusieurs secteurs, plutôt qu'entre branches du secteur industriel. Ainsi la théorie dualiste consiste à faire absorber le secteur traditionnel par le secteur capitaliste moderne, à travers un transfert de mains-d'œuvre entre le secteur traditionnel et le secteur moderne.

Lewis en s'appuyant sur l'« évaluation historique de l'Europe » pense que l'expansion économique doit reposer sur le réinvestissement du surplus capitaliste qui entraîne une absorption progressive de mains-d'œuvre par le secteur moderne et une croissance du revenu national. Cette dernière permet une augmentation des profits, un accroissement de l'épargne et aussi la formation de capital. Le secteur capitaliste va ainsi continuer de se développer jusqu'à la migration de toute la main-d'œuvre excédentaire (chômage déguisé) du secteur traditionnel. À ce stade, les salaires commencent à augmenter.Ce fut le cas historique de l'expérience européenne. Elle ne s'est pas révélée modélisable.

En effet, dans les pays sous-développés, le transfert du secteur traditionnel s'est fait vers un nouveau secteur, l'informel. Auparavant les critiques avaient dénoncé l'irréalisme du « chômage déguisé » car il serait impossible de soustraire à tout moment de la main-d'œuvre dans ce secteur sans réduction de la production, même en l'absence de tout changement technologique.

Contrairement à la théorie du décollage centré sur l'industrialisation, l'application des théories dualistes a mis un accent sur les réformes agraires, le développement et la modernisation de l'agriculture. Ainsi, les grandes propriétés ont été indexées comme des obstacles au développement, à cause de leur manque d'efficience économique et leur incidence sur les écarts de revenus par le rapport des Nations unies de 1951. Plusieurs pays ont adopté des réformes agraires (Taïwan, la Corée du Sud, l'Égypte) même si on leur a reproché d'avoir fait chuter la production, sans avantager particulièrement les plus pauvres. La modernisation de l'agriculture devrait passer par les stratégies visant à accroître rapidement la production agricole à savoir les transferts de technologies agricoles entre pays et l'installation de stations de recherche agricole (par exemple, l'Institut international de recherche sur le riz créé aux Philippines en 1959).

Pour les théories (décollage, dualisme) néolibérales du rattrapage moderne, l'accumulation du capital et l'industrialisation sont les principaux véhicules car ayant servi aux pays occidentaux à avoir une croissance et un développe-ment soutenus au cours de l'histoire. C'est donc cette voie que devaient emprunter les PVD pour assurer leur développement. D'après ces théories du développement, le processus d'accumulation du capital et d'industrialisation pouvait s'appliquer à tous les pays et à toutes les périodes. Elles supposaient que la croissance économique allait de pair avec le développement général de la société. Il s'agit de ce que certains ont qualifié de courant orthodoxe du développement qui est axé sur le rattrapage économique et technologique. Il considère que ce rattrapage entraînera le développement social (passage d'une société traditionnelle à une société de consommation) par effet de percolation. Pour arriver au rattrapage (économique, technique et social), le courant orthodoxe considère le développement comme un processus de modernisation, d'industrialisation et d'intégration des secteurs pour lesquels il faut définir des stratégies d'accélération.

CHAPITRE 5

LES THÉORIES NÉO-MARXISTES CENTRÉES SUR LE DÉVELOPPEMENT SOCIAL

On se rappelle que Nurkse avait identifié un cercle vicieux entraînant une pauvreté due à la pression démographique et à la faiblesse du marché intérieur. La faiblesse de la croissance, du revenu, de la consommation, de l'épargne ainsi que des incitations à investir et du maintien d'une trop faible productivité, avait fait croire à Hirschman qu'il existait un « effet d'appel ». Il avait proposé l'intervention de l'État pour rectifier l'industrialisation. Pour lui, il s'agit de mettre en pratique la stratégie de **l'industrialisation de substitution aux importations** (ISI). L'ISI a été mise en place fondamentalement en Amérique latine.

C'est ainsi qu'il a permis la production des biens de consommation pour le marché. À la fin de la Deuxième Guerre mondiale, ces ISI sont devenues vulnérables à l'industrie des grands pays capitalistes. Ainsi des doutes concernant la possibilité de soutenir l'ISI se sont fait jour. C'est dans ce contexte qu'une Commission économique pour l'Amérique latine (CEPAL) des Nations unies a émis le paradigme **« centre-périphérie »**. Selon ce concept, l'économie mondiale comporte deux pôles, le centre et la périphérie, dont les structures de production sont très différentes.

Dans la périphérie, ces structures sont hétérogènes, avec une coexistence de secteurs utilisant des techniques de production dépassées, de faible productivité et de secteurs utilisant des techniques modernes, de productivité élevée.

L'intégration verticale est faible et la complémentarité entre les secteurs reste déficitaire. Au centre, les structures de production sont homogènes, avec une utilisation généralisée des techniques de production modernes. Elles sont aussi diversifiées et la production couvre une gamme relativement étendue de biens d'équipement, de biens intermédiaires et de biens de consommation.

Fondamentalement, deux constats ont été faits à travers ce paradigme. Premièrement, la périphérie est incapable de créer et de disséminer le progrès technique à égalité avec le centre. La croissance du revenu moyen est plus lente dans la périphérie qu'au centre. De même, la croissance de la productivité de la main-d'œuvre dans le secteur des exportations des produits est moins rapide dans la périphérie que dans le secteur industriel du centre. Deuxièmement, la périphérie n'a pas la même tendance naturelle à l'égalité des taux de développement que le centre. Cette différence accentue les disparités entre les deux pôles, à la fois en termes de taux de pénétration et de diffusion du progrès technique qu'en termes de diversification horizontale, de complémentarité entre secteurs et d'intégration verticale de la production. Elle entraîne également un écart croissant du niveau du revenu moyen entre le centre et la périphérie.

En définitive, le développement et le sous-développement sont ainsi considérés comme des processus reliés entre eux, qui se déroulent au sein d'un même système éco-dynamique. Ce constat fondamental va donner naissance au **structuralisme latino-américain**, premier grand courant de réflexion sur le développement touchant les pays en développement. Ce structuralisme va évoluer vers **la dépendance** en Amérique latine et en Afrique. En Asie, le débat sur la dépendance est demeuré à peu près inexistant.

5.1 Le structuralisme centré sur la technologie et l'économie (approche « développementaliste » de la CEPAL)

Le structuralisme latino-américain est porté par la CEPAL. Il se caractérise par son évolution et adaptation en fonction des données empiriques depuis la fin des années 40 jusque dans les années 60, avec trois grandes orientations :

5.1.1 La planification et la coordination des investissements des années 1950

L'émergence spontanée de la stratégie de l'ISI n'a pas donné les résultats escomptés. Car le laissez-faire fondé exclusivement sur l'avantage comparatif, ainsi que l'industrialisation spontanée, reposant exclusivement sur le marché, n'ont pas permis de surmonter les problèmes structurels de l'hétérogénéité et de la spécialisation. L'ISI doit ainsi être encadrée.

Alors, les structuralistes proposent l'industrialisation voulue et soutenue par les politiques comme la seule voie possible. Comme principal instrument de politique économique, ils optent pour la planification et la coordination des investissements, auxquelles on a donné le nom de « programmation industrielle ». L'intervention de l'État par la planification des instruments ne devait pas se substituer à l'initiative privée mais en constituer un complément indispensable. Elle était présentée comme ayant au moins un double objectif :

- contribuer à une certaine harmonisation des projections de besoins d'investissements projetés avec les prévisions de ressources disponibles (épargne intérieure et étrangère) ;

- et éviter de graves déséquilibres à long terme de la balance des paiements.

Les influences keynésiennes sont ici perceptibles.

Pour mieux gérer cette programmation industrielle, la CEPAL prend position en faveur du *protectionnisme à l'importation* dans la périphérie car le commerce international contribuait à long terme à un transfert de revenus de la périphérie vers le centre en raison de la tendance séculaire à la détérioration des termes de l'échange. De ce fait, les fruits du progrès technique ont une propension à se concentrer dans les pays industrialisés. Ainsi, la CEPAL propose :

- l'intégration régionale, en particulier sur le plan industriel comme moyen d'atténuer la contradiction entre l'échelle requise pour assurer l'efficience de la production et la faible taille des marchés nationaux,

- la conclusion d'arrangements financiers internationaux permettant de compenser les fluctuations de grande ampleur des prix des produits de base ainsi que des réserves de change dans la périphérie,

- la réforme des structures fiscales,

- la réforme agraire à l'intérieur,

- l'amélioration du taux d'épargne au niveau macroéconomique à travers des mesures de politiques budgétaires,

- le recours à la politique du crédit pour canaliser, notamment par une intervention directe de l'État, l'épargne (à moyen et long terme) nationale et étrangère vers les investissements productifs et les infrastructures,

- l'encouragement de l'intervention active de l'État pour faciliter le progrès technologique, dans l'ensemble de l'économie.

5.1.2 Les critiques des années 1960 ou les thèses « stagnationnistes » des années 60

Dans les années 1960, des études empiriques ont montré que les déficits extérieurs tendaient à s'aggraver et non à se réduire, malgré une diversification horizontale et une intégration verticale des industries de la « programmation industrielle ». Des analyses sur l'évolution des structures sociales ainsi que de leur interaction avec celle des structures de l'agriculture et de la production industrielle ont dévoilé l'existence d'obstacles internes au développement.

Dans le secteur agricole, les propriétaires fonciers fortunés bénéficiaient des rentes tirées de l'exportation alors que la paysannerie, trop pauvre, freinait l'investissement et la croissance de la productivité.

Dans le secteur industriel, la distribution fortement biaisée du revenu national avait un rôle doublement négatif en limitant la croissance de la demande de produits de consommation de masse ainsi qu'en soutenant la demande de nombreux biens sophistiqués analogues à ceux produits dans les pays développés. On observait alors une évolution favorable des profits industriels malgré l'aggravation des inefficiences de la production.

L'inégalité croissante des revenus a non seulement limité et biaisé la demande intérieure sur le marché des produits manufacturés, mais aussi a renforcé la tendance monopolistique des structures de l'offre, l'excès du protectionnisme et l'inefficience de la gestion. Bref, tous ces phénomènes ont compromis le dynamisme et la viabilité du processus d'ISI.

La programmation industrielle de l'ISI dans les années 1950 maintient la stagnation des économies sud-américaines. Cette thèse « stagnationniste » a conduit à une évolution importante de la réflexion sur le développement en Amérique latine.

5.1.3 Les changements d'orientation de la CEPAL dans les années 60

À la lumière des études empiriques et des critiques « stagnationnistes », plusieurs propositions de réorientation vont être faites :

- mettre un accent particulier sur les **exportations « non traditionnelles » en particulier des produits manufacturés**, notamment vers les pays développés mais aussi à l'intérieur de la périphérie ;

- faire octroyer par les pays développés des **préférences commerciales aux pays de la périphérie** pour les produits manufacturés ;

- mettre en place **des agréments financiers internationaux,** contribuant à atténuer les effets des fluctuations de prix ;

- inciter les pays développés à contribuer à **l'atténuation des effets de la détérioration des termes de l'échange,** en accordant des financements compensatoires.

Sur le plan interne aussi, la CEPAL avait fait deux propositions qui vont soulever un débat. Ces propositions sont les suivantes :

- la réforme agraire portant sur la transformation des structures du régime foncier et de l'occupation des terres à travers un encouragement de la production par l'assistance technique, la politique du crédit et des politiques de prix adéquates,

- les politiques sociales demandant à l'État de renforcer son action en matière de santé, d'éducation, d'emploi, de formation et de logement. La politique des salaires devait aussi tenir compte de manière explicite des objectifs sociaux et distributifs.

Le débat concerne **le rôle de l'État** dans le développement à travers :

- la rationalisation de l'administration publique (à tous les niveaux) et du système budgétaire (dépenses, fiscalité, gestion) ;

- le rôle central de l'État dans l'accroissement de l'épargne intérieure (y compris celle du secteur public) et dans l'encouragement des activités productives, en assurant lui-même, si possible, ces activités dans des domaines stratégiques.

À peine a-t-on le temps de mettre en œuvre ces propositions que d'autres critiques apparaissent. Elles portent sur les techniques de planification, la non-prise en compte de la domination des entreprises multinationales, l'impossibilité de prendre une position claire quant aux doutes croissants sur la capacité des élites industrielles locales à conduire un projet de développement « autonome et progressiste » alors que la distribution des revenus se détériorait et que la marginalisation sociale ne cessait de s'accentuer.

Ces nombreuses critiques et les débats interminables ont finalement conduit à un schisme, entraînant la naissance de l'école de la « dépendance » plus radicale.

5.1.4 La dépendance latino-américaine centrée sur la technologie, l'économie et le social

La naissance de l'école de la dépendance, au milieu des années 60, peut être considérée comme une réaction aux limites du structuralisme de la CEPAL. Dans sa démarche, elle apparaît aussi comme une réponse radicale à la théorie du développement néoclassique, centrée sur l'économie. L'école de la dépendance est en réalité une série de courants théoriques dont le point commun est l'attention explicite accordée **à la nature et aux effets sociaux du développement capitaliste dans la périphérie**. En Amérique latine, trois grands courants peuvent être identifiés :

- le courant des obstacles au développement,
- le développement du sous-développement,
- le courant de deux faces de la même pièce.

5.1.5 Le courant des obstacles aux développements

Celso Furtado et Osvaldo Sunkel représentent le courant des obstacles au développement. Ils se proposent de reformuler et de surmonter les limites de l'analyse de la CEPAL en mettant mieux en lumière les obstacles internes et externes à un « développement national » en Amérique latine.

Furtado, économiste brésilien avait été membre de la CEPAL avant de la quitter. Il fait les constats suivants :

- la croissance soutenue et la démocratie industrielle dans les économies capitalistes entraînaient une relation entre les dépenses de consommation des ménages et l'investissement. Or, cette relation interdépendante n'existe pas, selon lui, dans la périphérie parce que la demande de consommation ne représente pas de débouchés importants pour les industriels locaux ;

- les groupes à revenus moyens et élevés, principaux débouchés de l'ISI en Amérique latine, tendent à imiter et à assimiler le développement et le progrès à l'accès aux modes de consommation qui prévalent dans les pays capitalistes développés ;

- les technologies importées, nécessaires à la production de ces biens, penchent en faveur de la production à forte intensité capitalistique, si bien que la croissance industrielle se caractérise par un coefficient de capital de plus en plus élevé. Ce coefficient accroît la concentration des revenus, limite la diffusion du progrès technique dans le reste de l'économie et conduit à la marginalisation d'une partie importante de la population. Ces modes de consommation et la rigidité des structures sociales (datant du colonialisme) qui les sous-tendent, conditionnent le processus d'ISI dans son ensemble et constituent le « mécanisme central de la dépendance » ;

- le contrôle exercé par les sociétés multinationales sur l'offre des technologies, d'équipements et de moyens de production nécessaires aux industriels locaux, limitait gravement l'essor de l'économie nationale.

Pour Furtado, la stratégie de la CEPAL avait accentué la **dépendance** à l'égard de l'étranger :

- des importations plus grandes de biens intermédiaires, de biens d'équipement et de technologies avaient été substituées aux importations de produits de luxe ;

- des exportations de produits primaires s'étaient accrues car les ventes représentaient le seul moyen de régler les importations indispensables.

Il préconise des réformes structurelles, permettant en particulier la dissémination des technologies modernes dans l'ensemble des secteurs de production, pour assurer une amélioration de la distribution des revenus et une réduction du phénomène de marginalisation.

Sunkel est un Chilien qui identifiait, en 1966, quatre « mécanismes de dépendance » :

- la stagnation de l'agriculture traditionnelle due au maintien des structures agraires traditionnelles, qui avaient un effet négatif sur la balance commerciale en accroissant les importations de produits alimentaires, en freinant la croissance des exportations ;

- le maintien d'une forte concentration des exportations en produits primaires ;

- la dépendance de plus en plus forte en matière de technologies et de capital étranger avec une forte présence étrangère dans l'industrie et une aggravation du coût en devises de l'industrialisation ;

- l'accumulation de la dette extérieure et l'aggravation des déficits budgétaires, dues à une extension plus rapide du secteur public par rapport aux recettes fiscales trop dépendantes des taxes à l'exportation.

Ainsi pour Sunkel, *« c'est cet aspect, à savoir la nécessité impérieuse et implacable de se procurer des financements extérieurs, qui résume en fin de compte la situation de dépendance ».*[38] Pour rompre cette dépendance, il proposait une réorientation vers le développement national. Sunkel était en faveur d'une stratégie qui impliquerait les masses dans un processus de développement plus conforme à la culture, aux traditions, aux institutions et à l'histoire de l'Amérique latine.

Ainsi, Sunkel et Furtado ont mis en évidence une distinction importante entre croissance et développement. Il n'y a pas de développement lorsque la croissance a pour corollaires une dégradation de la distribution des revenus, une absence d'accroissement du bien-être social, une création d'emplois inférieure à la croissance démographique et un affaiblissement du contrôle national sur la vie économique, politique, sociale et culturelle.

Furtado et Sunkel perçoivent le développement et le sous-développement comme des processus historiquement interactifs, simultanés et se conditionnant mutuellement. Selon les termes de Furtado : *« le sous-développement doit être entendu comme un aspect de la révolution industrielle »*. Ils ont mis l'accent sur des facteurs internes politiquement sensibles et sur la critique du rôle joué par l'investissement direct étranger.

---

[38] http://www.persee.fr/web/revues/home/prescript/article/ofce_0751-6614_1994_num_49_1_1365

5.1.6 Le courant du développement du sous-développement

Bien que Paul Baran (*The Political Economy of Growth*, publiée en 1957) puisse être considéré comme le père de ce courant, trois auteurs ont marqué le développement du sous-développement. Il s'agit de **André Gunder Frank, Théotonio Dos Santos** et **Ruy Mauro Marini.**

André Gunder Frank établit une approche historique qui permet de rattacher le sous-développement à l'expansion globale du capitalisme, depuis la période de la croissance mercantile qui a débuté en Amérique latine, avec la conquête espagnole au XVIe siècle. Cette intégration dans l'économie mondiale a transformé les colonies en économie capitaliste, dès lors qu'elles se sont mises à produire pour le marché et pour le profit.

Cette transformation était à l'origine de la création d'une chaîne hiérarchisée de relations d'exploitation entre « métropole et satellites ». Chaque métropole s'appropriait tout ou une partie du surplus économique créé dans les satellites placés sous son contrôle. Les différents satellites se comportaient eux-mêmes comme des métropoles locales par rapport à des satellites se situant en dessous d'eux dans la hiérarchie. C'est ainsi qu'il effectua le raisonnement suivant :

- l'investissement étranger ainsi que l'aide et le commerce servaient de canaux pour l'extraction des surplus et l'intégration régionale ne servirait qu'à renforcer ce processus ;

- l'industrialisation ne permettrait pas de rompre le cycle de la confiscation du surplus et du sous-développement, tant que persisterait, sur les plans interne et international, une structure de relation de type métropole-satellite ;

- Ainsi, l'intégration dans le système capitaliste mondial et la confiscation des surplus économiques conduisaient, d'une part, au développement de certaines zones et, d'autre part, au sous-développement dans d'autres.

Il concluait qu'il ne pouvait exister d'alternative au « développement du sous-développement » pour les satellites au sein du système capitaliste. Alors la seule solution politique était une révolution socialiste qu'il considérait comme nécessaire et possible immédiatement.

Théotonio Dos Santos (en 1970) est un sociologue qui reprend de manière critique la thèse centrale du « développement du sous-développement ». Il insiste sur les différences et les discontinuités entre différents types de relations de dépendance et entre les structures internes qu'elles contribuaient à instaurer. Il identifiait trois principaux types de dépendance correspondent à trois périodes différentes :

- la dépendance coloniale,

- la dépendance industrielle et financière (correspondant, en Amérique latine, à la seconde moitié du XIXe siècle)

- la dépendance industrielle et technologique qui a commencé après la Seconde Guerre mondiale et a été fondée sur les investissements des sociétés multinationales, dans les branches industrielles les plus dynamiques de la production de substitution à l'importation.

Cette « nouvelle dépendance » se caractérise par un taux élevé de rapatriement des bénéfices, qui se traduit par un excédent des sorties sur les entrées de capitaux. Ces facteurs sont à l'origine d'une situation de la balance des paiements qui exerce une forte contrainte sur les importations nécessaires à l'industrialisation.

Dos Santos affirmait que les entrées de capitaux sous forme d'aide extérieure et de prêts, destinées à couvrir le déficit de la balance de paiement et à financer les investissements, servent essentiellement à « combler les trous qu'elles ont elles-mêmes créés ». Il soutenait que le sous-développement était dû, non pas à l'exploitation extérieure, mais à certaines structures internes conditionnées par les relations internationales de dépendance. Il considérait, comme Frank, que les contradictions interrégionales et les transferts de surplus jouaient le rôle central dans le sous-développement.

Il proposait soit, des régimes militaires ouvrant la voie au fascisme, soit des régimes révolutionnaires qui jetteraient les bases du socialisme.

Ruy Mauro Marini est un théoricien de la dépendance, dont la thèse centrale était le développement du sous-développement. Pour lui, la domination des capitaux étrangers qui contrôlent l'exportation de produits primaires permet la dépendance de la périphérie. La demande intérieure joue un rôle insignifiant dans la réalisation des profits des entreprises dominantes. Selon lui, les conflits de classes étaient moins importants que les conflits interrégionaux qui faisaient obstacle à l'accumulation interne et au développement du marché intérieur. Il concluait en disant que la surexploitation et le transfert de surplus constituaient la principale cause de la stagnation et du sous-développe-ment de la périphérie.

5.1.7 Le courant de deux faces de la même pièce

Fernando Henrique Cardoso (sociologue brésilien) et Enzo Faletto (historien chilien) qui ont publié un livre en 1967 sous le titre *Dépendance et Développement en Amérique latine*, sont cités parmi les auteurs de ce courant. Ce courant ne considérait pas la dépendance et le développement comme nécessairement incompatibles. Il considérait les économies d'Amérique latine comme un élément d'un système capitaliste mondial au détriment des économies périphériques. Les deux auteurs ont accordé une attention particulière au fonctionnement de différentes classes sociales :

- alliance et opposition avec différents intérêts étrangers,

- organisation des formes de pouvoir étatique (idéologies, politique et stratégies).

La « domination extérieure » réapparaissait en tant que phénomène interne à travers les pratiques de classes et de groupes locaux partageant les mêmes intérêts et les mêmes valeurs que les étrangers. Mais parallèlement, d'autres groupes et forces internes s'opposent à cette domination. Ces contradictions, dans leur développement pratique, créent la dynamique propre à chaque société.

Pour eux, le monde capitaliste ne se divisait pas en une « partie qui se développe » et une autre qui est « en sous-développement ». Au contraire, l'impérialisme et la dépendance étaient deux forces de la même pièce, la partie sous-développée ou dépendante étant réduite à un rôle passif, déterminé par l'autre partie. Ce phénomène bénéficierait principalement aux catégories à revenus élevés, aggravant ainsi les disparités de la distribution des revenus. Ces disparités devraient faire surgir des obstacles politiques importants sur cette voie de développement.

Pour assurer l'industrialisation, le rôle des sociétés multinationales était d'investir dans l'industrie produisant pour le marché intérieur. La dépendance et l'industrialisation cesseraient d'être contradictoires et une voie de « développement indépendant » devenait concevable. Pour assurer la poursuite de l'industrialisation, ils préconisaient de **profonds changements politico-structurels** à travers, soit une ouverture du marché aux capitaux étrangers, soit une orientation radicale vers le socialisme.

Le courant de la dépendance latino-américaine a soutenu de manière explicite que la relation métropole-satellite constituait la base de l'exploitation de l'un par l'autre. Il a attiré l'attention sur la question du rôle des classes clientélistes (en particulier la « bourgeoisie nationale ») dans la périphérie. Il s'agissait des classes sociales remplissant certaines fonctions pour le compte des intérêts étrangers et jouissant en contrepartie d'une position privilégiée au sein de leur propre société. Ces classes sociales bénéficiaient d'un soutien économique, politique et/ou militaire de l'étranger et elles comptaient dans leurs rangs la bureaucratie étatique et d'autres segments des « classes moyennes » comme les élites techniques, de gestion, professionnelles et intellectuelles, dont les intérêts et les privilèges découlaient directement ou indirectement de leurs liens avec les intérêts étrangers.

Pour ce courant de la théorie de la dépendance, briser la dépendance signifiait rompre avec l'ordre capitaliste et la mise en place d'autres formes de régimes politiques.

5.2 La dépendance africaine : le développement autocentré

La dépendance africaine conduit à la théorie du développement autocentré. Elle s'oppose au rattrapage qui ne sert qu'à reproduire des caractères essentiels du capitalisme. Il faut bâtir une autre société. Samir Amin est un de ses auteurs les plus représentatifs. Amin est un professeur de Sciences économiques, d'origine égyptienne. Il est Directeur de l'Institut africain de développement économique et de planification de Dakar et Directeur du forum du Tiers-monde.

Pour Amin, *« développement et sous-développement constituent l'envers et l'endroit de la même médaille : l'expansion capitaliste »*[39]. Cette expansion du capitalisme a donné naissance à des avatars tels que le mercantilisme esclavagiste, le colonialisme, l'impérialisme. Samir Amin analyse les mécanismes reproducteurs de cette expansion, sans se préoccuper des raisons de cette supériorité

[39] http://terangaweb.com/samir-amin-et-le-developpement-autocentre-2eme-partie/

technique européenne ni même de l'émergence de la dynamique capitaliste.

Son analyse est la suivante : la décolonisation et les projets nationalistes ont été portés majoritairement par les différentes bourgeoisies autochtones, anciennes bourgeoisies compradoriales qui ont voulu à tout prix se développer en s'intégrant au circuit économique international. Ce qui a débouché, la plupart du temps, sur une recompradorisation des économies, qui se sont ainsi maintenues dans leur position de périphéries vis-à-vis des pôles.

Une économie compradoriale est orientée vers l'exportation, alors qu'une économie développée produit pour la consommation locale. Les bénéfices d'une économie compradoriale sont concentrés entre les mains de quelques commerçants exportateurs qui n'ont même pas intérêt à ce qu'il y ait une hausse du pouvoir d'achat de sa population puisqu'elle ne constitue pas sa clientèle potentielle.

Une économie compradoriale pourrait aussi connaître de très bons résultats (forte croissance économique, hausse de la productivité de certains secteurs) ; mais elle est caractérisée par :

- l'appauvrissement des paysans et le renforcement de la position de la rente foncière ;

- la préférence pour les investissements légers ;

- la dissociation marquée entre les rémunérations du travail et les productivités ;

- la désarticulation de l'économie ;

- la juxtaposition de miracles sans lendemains et de zones dévastées.

Pour Samir Amin, l'espace économique mondial se structure en pôles (les pays développés) dont la suprématie s'appuie sur un modèle d'accumulation et de renouvellement du capital qui se fait au détriment de leurs périphéries (les pays sous-développés) à travers divers mécanismes dont le principal est celui de **l'échange inégal** rendant impossible le rattrapage.

Pour éviter cet échange inégal, Samir Amin propose la théorie du développement autocentré qui poursuit des objectifs absolument contraires à la théorie libérale du capitalisme dominant. Son objectif principal est d'augmenter le pouvoir d'achat des consommateurs locaux. Il faut des emplois avec des salaires variant à la hausse en fonction de la productivité. Ces emplois ne sont possibles que grâce à une importante production locale de biens de première nécessité, quitte à ce que cela revienne plus cher et que ce soit moins « économiquement efficace » dans un premier temps. Il ne faut pas chercher à trouver au capital international de nouveaux débouchés à forte rémunération.

Un tel modèle voudrait que la production locale nourrisse la population et rencontre une demande locale des produits de première nécessité. C'est le sens du concept de **souveraineté alimentaire**. Le but de ce modèle est d'accompagner la progression des gains de productivité par une hausse équivalente du pouvoir d'achat local, afin d'enclencher ainsi un cycle vertueux, comme cela a été le cas en Europe et aux États-Unis, à partir de 1870.

Pour cela, il faut miser sur sa propre production agricole pour atteindre l'autosuffisance alimentaire, quitte à ce qu'elle soit moins productive et plus onéreuse dans les premiers temps. Il faut à tout prix contenir le chômage, quitte à freiner ainsi la productivité globale. Il faut protéger la production locale de la concurrence inégale des produits de pays plus développés ou mieux fournis.

Il n'opte pas pour le protectionnisme, puisque son projet est couplé à des orientations sociales très fortes. La théorie du développement autocentré n'est donc pas simplement une théorie économique, mais elle est aussi – et peut-être surtout – politique et sociale.

Pour Samir Amin, il faut un partenariat social et politique entre élites bourgeoises nationales (et non compradoriale), élites intellectuelles et classes populaires, partenariat qui seul peut être à l'origine d'un tel projet, comme a pu l'être le partenariat ayant débouché sur la social-démocratie en Europe. Ce partenariat devrait déboucher sur un pacte national dont les objectifs seraient déconnectés de la logique du capitalisme du rattrapage.

La solution pour les périphéries du système économique international est donc de sortir de l'orbite des pôles développés, de s'inscrire dans un « développement auto-centré ». Un tel modèle n'est pas parfait et peut connaître ses ratés : l'expérience de l'industrialisation algérienne est là pour le rappeler. C'est pour cela qu'il faut maintenir ce système autocentré sous une certaine pression, en privilégiant la concurrence interne, à condition que les dés ne soient pas pipés d'avance. Les sous-ensembles économiques régionaux africains (UEMOA, CEMAC), semblent avoir la taille idéale pour ce genre de nouveau système socio-politico-économique autocentré.

Pour les théories (structuralisme, dépendance latino-américaine, dépendance africaine) néo-marxistes du rattrapage, le souci de réduire la pauvreté et les inégalités doit être au centre du développement. Dénommées aussi, courant hétérodoxe, les théories néo-marxistes reposent sur des observations empiriques des sociétés des pays sous-développés. Elles identifient des obstacles (exportation de matière première et importation de biens intermédiaires, d'équipements et de technologies) et caractérisent les relations entre le développement et le sous-développement (développement du sous-développement, deux faces ou bien envers et endroit de la même pièce). Elles proposent, d'une part, des changements politico-structurels profonds (programmation industrielle, réforme agraire, protectionnisme, préférence commerciale, etc.) et, d'autre part, un développement autocentré (augmenter le pouvoir d'achat des populations, adapter l'emploi et le salaire, lutter contre le chômage, atteindre l'autosuffisance alimentaire).

Le courant hétérodoxe est axé sur la dimension sociopolitique. Les progrès économique et technologique doivent être au service du développement social. Cependant, il faut bien noter que malgré les actions préconisées, le courant hétérodoxe n'insiste pas sur le processus de développement. Il propose plus des mesures rectificatives que des stratégies axiales.

CHAPITRE 6

LES THÉORIES POST-DÉVELOPPEMENT DE DÉVELOPPEMENT HUMAIN ET DE DÉVELOPPEMENT DURABLE

Les premières théories du développement ont été généralement orientées vers les pays sous-développés ou en voie de développement. Elles sont définies comme partie intégrante des sciences de l'économie. Dès le départ, le développement a été associé à la notion de croissance économique. Dans son discours d'investiture en 1947, le Président Truman préconise de mettre les connaissances techniques à la disposition des régions sous-développées et d'y encourager l'investissement des capitaux.

À partir des années 1950 -1960, les théories néolibérales et néo-marxistes du développement imposent la dimension sociale. La notion de développement économique et social se construit et domine les sciences du développement. Mais dans les années 1990, les concepts de développement humain et de développement durable vont se constituer en nouvelles théories post-développement. Bien sûr, il faut noter que certains associent ces deux notions sous le vocable de développement humain durable, qu'ils traduisent par *« un accroissement des libertés et des potentialités des individus dans toutes ses composantes : économique, sociale, culturelle, éthique, politique »*[40]. Mais fondamentalement cette notion hybride ne parvient pas à s'imposer. Pour le moment l'utilisation des deux notions de

[40] http://lewebpedagogique.com/unicef-education/files/2010/03/dev-humain-durable-11.pdf

développement humain et de développement durable concerne aussi bien les pays du nord que les pays du sud.

6.1 Les théories du développement humain

Dans les années 1960, une distinction entre croissance et développement a été initiée par François Perroux et reprise par Amartya Sen. En effet, plusieurs auteurs commencent à distinguer performance économique et progrès social[41].

Stiglitz, Sen et Fitoussi, retiennent, entre autres, pour cerner la notion de bien-être, les conditions de vie matérielles (revenu, consommation et richesse), la santé, l'éducation ainsi que les activités personnelles dont le travail, la participation à la vie politique, les liens et rapports sociaux, l'environnement (état présent et à venir) et l'insécurité, tant économique que physique,

Dominique Méda demande la prise en compte du degré de violence au sein de la société, de la xénophobie, de la criminalité et des inégalités,

Osberg et Sharpe proposent un indicateur de bien-être qui inclut la réduction des inégalités et la protection contre les risques sociaux. Le temps disponible pour les loisirs joue de façon directe sur le bien-être. Un travail décent incorpore des horaires décents, la possibilité de combiner travail et vie de famille, dialogue social et représentation des travailleurs. Les conséquences des effets de ces différents domaines sont amplifiées lorsqu'ils se cumulent.

Néanmoins, tous continuent de penser que la croissance économique est indispensable au bien-être. Alors, elle a été assimilée au progrès social, même si au-delà d'un certain niveau de PIB par habitant, l'augmentation de revenus et de consommation n'a plus d'impacts sur la satisfaction et le bien-être. Cependant, la notion de développement de

---

[41] http://fr.wikipedia.org/wiki/D%C3%A9veloppement_%C3%A9conomique_et_social

Truman va évoluer et donner la notion de développement humain. La notion est introduite en 1990 par le Programme des Nations unies pour le développement (PNUD) ; elle est définie comme un *« processus d'élargissement de l'éventail des possibilités offertes aux individus »*.

Selon le PNUD, le développement humain est *« le processus qui conduit à l'élargissement de l'éventail des possibilités offertes aux individus. L'amélioration des revenus figure incontestablement au nombre de ces possibilités, mais il en est de nombreux autres. L'objectif du développement doit être de permettre aux êtres humains de jouir d'une longue vie, d'être en bonne santé et d'exercer leur créativité, vérité simple mais souvent oubliée dans la frénésie qui pousse à l'acquisition de biens matériels et à l'accumulation de richesses »*.

En 1991 le rapport mondial sur le développement du PNUD confirme que *« la croissance économique est nécessaire au développement humain »*. Mais le PIB qui permet de mesurer cette croissance ne contient que les flux (production/consommation). Il mesure essentiellement la production marchande. Ainsi, il est souvent traité, à tort, comme s'il s'agissait d'une mesure de bien-être économique. C'est ainsi que le PNUD propose l'Indice de Développement Humain (IDH) dont l'approche va être fortifiée par le rapport du PNUD (1996). Ce dernier constate que *« les dernières décennies montrent, on ne peut plus clairement qu'il n'existe pas automatiquement de lien entre croissance économique et développement humain »*. Il spécifie que le développement humain est une fin dont la croissance économique est le moyen. L'IDH est un indicateur composite qui est construit à partir de trois indicateurs pondérés de façon égale :

• l'espérance de vie à la naissance, reflet de l'état de santé et de nutrition de la population ;

• le niveau d'instruction, indicateur qui combine le taux d'alphabétisation des adultes (pour les 2/3) et le nombre moyen d'années d'études (pour 1/3),

• le PIB réel par habitant, pondéré par le coût de la vie.

Le développement humain implique donc, en plus de la croissance, une meilleure satisfaction des besoins fondamentaux (alimentation, santé, éducation...), mais aussi une réduction des inégalités, du chômage et de la pauvreté. Ainsi, il s'agit d'un « mouvement vers le haut de tout le corps social » d'après G. Myrdal[42].

Un reproche que l'on peut faire à cet indicateur, comme au PIB d'ailleurs, est de raisonner sur des moyennes nationales ; ils seraient incapables de mesurer les inégalités. Or la distribution du revenu est en règle générale très inégalitaire au sein des pays du Tiers-monde, mais les statistiques sur ce point sont très lacunaires. On estime qu'au Brésil, les 40 % les plus riches de la population consomment 80 % des biens disponibles.

Il faut admettre que le concept de développement humain est bien plus large que cet IDH. Peut-être qu'il serait alors impossible de définir un outil de mesure complet de ce paradigme. Ainsi, l'existence d'un outil unique de mesure servirait à attirer l'attention sur les problèmes du développement de manière fort efficace.

Un processus semblable (de prise en compte d'autres dimensions dans le développement) avait aussi débuté 1972, avec le rapport Meadows qui s'inquiéta fortement des capacités de la Terre à fournir les ressources demandées et à assimiler les déchets et pollutions entraînant la création du PNUE.

---

42 http://en.wikipedia.org/wiki/Gunnar_Myrdal.

6.2 Le développement durable

En 1992, à Rio de Janeiro, les Nations unies vont faire évoluer la notion de développement de Truman vers la notion de développement durable.

La naissance de ce concept a été tardive comme en témoignent quelques textes de référence[43].

- le rapport du club de Rome de 1972, *Halte à la croissance ?*, mettait surtout en cause la double croissance économique et démographique, et soulignait deux problèmes majeurs : l'épuisement des ressources non renouvelables (énergie et matières premières) et la dégradation de l'environnement (avec, surtout, la croissance du volume des déchets produits) ;

- la déclaration de la conférence des Nations unies sur l'environnement (Stockholm, 1972) prenait en compte les atteintes à l'environnement, à la biosphère, à la faune et à la flore, même si elle restait extrêmement discrète sur les responsabilités des pays industrialisés et prônait le développement, sans s'interroger de ses effets sur l'environnement ;

- le rapport *Que faire ?* de 1975, préparé à l'initiative de la Fondation Dag Hammarskjöld et du Programme des Nations unies pour l'Environnement (PNUE), mettait en cause les pays industrialisés et préconisait, pour les autres, un « autre développement » au contenu mal défini ;

- le rapport *Face aux futurs* (1979) publié par l'Organisation pour la Coopération et le Développement Économiques (OCDE), estimait que les principales difficultés à venir tiendront à la croissance démographique. Les problèmes d'environnement ou de ressources pourront, selon eux, être gérés et il n'y aurait donc pas, dans le prochain demi-

---

[43] BEAUD, Michel « Environnement et développement : la montée des risques planétaires », in http://www.etatdumonde.com/touslespaysdu monde/index.html (30 juin 2012 à 23 h).

siècle, de *« limites physiques de long terme insurmontables »* pour la *« croissance économique de l'ensemble des pays du monde » ;*

- le rapport d'une commission indépendante « Nord-Sud : un programme de survie (1980) » présidée par Willy Brandt, a d'abord, le premier, posé les trois problèmes des ressources, des atteintes à l'environnement et des risques globaux dans leur dimension planétaire, et ensuite a souligné les responsabilités prises à l'égard des générations à venir, enfin à prendre en compte le fait que cela n'est pas sans implications pour le développement à mettre en œuvre (même si cet aspect demeure peu explicite) ;

- le rapport de la commission des Nations unies pour l'environnement et le développement (présidée par Mme Gro Harlem Brundtland) *Our Common Future* (1987) – traduit en français sous le titre *Notre avenir à tous* (1988) – prolonge et développe ces analyses. Partant d'un certain nombre d'échecs du développement et de la « faillite de notre gestion de l'environnement », il souligne la gravité croissante des risques auxquels le développement moderne expose la biosphère et l'humanité. Il prône donc le « *sustainable development* », formule sans équivalent correct en français : un développement qui réponde « aux besoins du présent sans compromettre la capacité des générations futures de répondre aux leurs » ; ce qui implique une adaptation du mode de vie des nantis, un frein à la croissance démographique et des modalités de développement respectueuses de l'environnement, pour les pays du Tiers – monde... Mais les voies ouvertes demeurent incertaines ;

- La CEE fait en 1980 une déclaration de politique et de procédure environnementale relative au développement économique, puis adopte en 1984 une résolution relative à la dimension environnementale de la politique communautaire de développement. En 1987, la Banque mondiale propose la mise en place pour chaque pays, d'un plan national d'action environnementale (PNAE).

- la Conférence des Nations unies sur l'Environnement et le Développement (CNUED), qui s'est tenue à Rio de Janeiro en 1992, a popularisé le concept de « développement durable », c'est-à-dire un développement respectueux des êtres humains mais aussi de l'avenir de la Terre.

Le développement durable est une nouvelle conception de l'intérêt public, appliquée à la croissance économique et reconsidérée à l'échelle mondiale, afin de prendre en compte les aspects environnementaux généraux d'une planète globalisée. Il consiste à accroître la qualité de vie d'un nombre plus élevé de personnes de façon à maintenir la capacité de la planète à long terme.

D'après les théoriciens du développement durable, il devient urgent de renverser les déséquilibres qui prévalent depuis la révolution industrielle. Les vieux pays du Nord doivent ralentir leur croissance (avoir un comportement plus sobre). Le Sud peut garder une forte croissance mais doit en changer le contenu. Il faut une croissance « verte » permettant de déconnecter le développement de sa logique marchande et de le rapprocher des besoins.

Les théories post-développement (développement humain et développement durable) recentrent le développement sur l'utilisation optimale des ressources humaines et naturelles. Au-delà de son environnement physique et social, elles identifient l'homme comme objet du développement. De même, les progrès économiques et technologiques ne peuvent, dans l'absolu, caractériser le développement. Ces théories introduisent la notion de relativité du développement.

Dans la perspective de cet ouvrage, nous voulons bien noter que le développement cible l'homme ainsi que son environnement physique et social.

TROISIÈME PARTIE

ACCOMPLISSEMENTS ET MESURES D'ACCOMMODATIONS

La mise en application des théories de développement a eu des effets certains au niveau des cibles et au niveau des relations entre les pays en interactions. Ces effets ont été qualifiés respectivement de croissance ou d'émergence et de mondialisation. Néanmoins, cette mise en application a nécessité des accommodations théorisées en termes de mesures réformistes et d'ajustement.

CHAPITRE 7

DES MESURES RÉFORMISTES ET D'AJUSTEMENT

La mise en place des théories de développement a entraîné des mesures d'accommodation qui peuvent être traduites en termes de pensée réformiste du développement et de mesures des ajustements.

7.1 La pensée réformiste du développement

La question de la pauvreté commence à se poser en 1949. Dans les années 1950, la pauvreté est perçue comme une conséquence du sous-développement économique. Ainsi, la proclamation de la République populaire de Chine serait une conséquence directe de la pauvreté extrême dans laquelle se trouvaient les Chinois. Le bloc de l'Ouest commence à avoir peur d'un effet domino entraînant sur la voie du communisme de nombreux pays pauvres. Il décide donc de lutter contre la pauvreté à travers :

- la réforme agraire en Corée et à Taïwan,
- la révolution verte en Inde et aux Philippines.

Cependant produire est une chose, avoir l'argent pour pouvoir acheter la nourriture ainsi produite en est une autre. Mais, ce volet de la consommation n'est pas traité à cette époque. Seul le concept d'autosuffisance alimentaire avait court, celui de sécurité alimentaire n'était pas né.

Par ailleurs, la question de la pauvreté liée à celle de l'environnement en tant que tel arrive donc sur le devant de la scène dans les années 1970. Pendant cette période déjà, les écologistes critiquaient le processus de croissance économique qui s'accompagnait de gaspillages externes, tels que la pollution, la destruction de l'environnement et l'épuisement des ressources naturelles non renouvelables (rapport du club de Rome de 1972).

Au Sud, on se rend compte que les théories du rattrapage ont un impact très limité sur la réduction de la pauvreté. La théorie de rattrapage met en lumière les problèmes importants posés par la pauvreté, l'inégalité croissante dans la distribution des revenus et la satisfaction des besoins essentiels de l'être humain. On constate que le développement économique n'éradique pas forcément la pauvreté. Mais, il entraîne la dégradation continue des ressources naturelles et la pollution.

Cette prise de conscience entraîne la naissance des mouvements pour la réduction de la pauvreté. La pauvreté devient une notion autonome de la sphère économique. C'est la naissance de la pensée réformiste du développement qui évolue avec plusieurs courants : le développement par le bas, l'altermondialisme et la lutte contre la pauvreté.

7.1.1 Le développement par le bas

Il propose que les populations deviennent les acteurs de leur propre développement et non pas seulement les bénéficiaires. Il a été un courant fort dans les pays africains francophones avec plusieurs versions :

- la version développement du territoire ou développement local qui devrait être portée par des politiques de décentralisation ;
- la version développement du terroir qui propose la prise en compte des savoirs et savoir-faire locaux ou endogènes.

Ce développement par le bas constitue l'un des fondamentaux de la démocratisation de régime politique au sud, avec le Sommet de la Baule. Il est insidieusement porteur de la notion de bonne gouvernance. Il met en exergue la dimension politique (gouvernance) du développement.

7.1.2 Le courant de l'alter-mondialisme

Le courant de l'alter-mondialisme prône la satisfaction des besoins essentiels. Dans les années 1970 commencent à naître les ONG qui commencent à poser des questions aux États :

- le développement doit-il être réduit à des problèmes macroéconomiques ?
- l'État doit-il être le seul acteur du développement ?
- les populations ne devraient-elles pas être associées au développement ?
- l'industrie est-elle la voie royale du développement ?

Ainsi, les ONG font naître un courant qui pense que le développement doit chercher à assurer en priorité la satisfaction des besoins essentiels que sont : – la santé – l'éducation – l'alimentation – l'assainissement – l'accès à l'eau. La satisfaction de ces *basic-needs* devrait permettre la réduction de la pauvreté et la sécurité des pays du Sud. Devant le concept de sécurité alimentaire en expansion, le mouvement altermondialiste va opposer la notion de souveraineté alimentaire que Jean Ziegler (rapporteur spécial des droits de l'homme aux Nations unies pour le droit à l'alimentation) définit comme *« le droit des peuples de définir leurs propres politiques en matière d'alimentation et d'agriculture, de protéger et de réglementer la production et le commerce agricoles intérieurs afin de réaliser leurs objectifs de développement durable, de déterminer dans quelle mesure ils veulent être autonomes [et] de limiter le dumping des produits sur leurs marchés ».*[44]

L'alter-mondialisme apparaît comme un mouvement porté par les ONG qui vont se lier à certains théoriciens de la dépendance (développement autocentré). La lutte contre l'échange inégal et pour un commerce équitable va devenir

[44] ZIEGLER, Jean (2006, 11 avril). http://www.unhchr.ch.

un moyen de lutte contre le rattrapage. Le mouvement de l'alter-mondialisme a un caractère officieux. Mais, il tente de parfaire la démocratisation des régimes politiques à travers le contrôle citoyen et le développement de la société civile. Son principal mode d'action, au-delà des interventions localisées des ONG, est de faire pression sur les décideurs politiques lors de la tenue des instances internationales en vue de mieux orienter leurs décisions vers la lutte contre la pauvreté.

7.1.3 Le courant de la lutte contre la pauvreté

Il est la version officielle de l'alter-mondialisme mise en œuvre par le système des Nations unies et des institutions de Bretton Woods qui se sont consacrées à la lutte contre la pauvreté, depuis les années 1950.

Le Bureau international du travail (BIT) interprète le problème de la pauvreté comme un problème d'emploi. Il considère que c'est l'adoption des modèles de développement conventionnel qui est la cause, dans de nombreux Pays en voie de développement (PVD), du gaspillage des ressources humaines abondantes. Celles-ci auraient pu être utilisées de manière productive au lieu de maintenir des conditions de vie misérables pour un grand nombre de gens.

Le BIT a lancé en 1959 le programme mondial pour l'emploi afin de traiter ce problème. L'emploi n'est donc plus un effet résiduel de la croissance, mais un objectif en tant que tel. Le 1er élément important du programme est l'envoi sur place de missions dont l'objectif est d'aider à la définition de stratégies orientées vers l'emploi.

La Banque mondiale se préoccupe aussi de la pauvreté. Dès 1968, son Président, Mc Namara, met l'accent sur l'aggravation des inégalités de revenus et la faiblesse du niveau moyen des revenus. Il propose la redistribution de la croissance. La solution qu'il propose est une stratégie de développement rural, visant à lutter directement contre la pauvreté dans les campagnes (zones les plus touchées par la pauvreté). La Banque mondiale a ainsi consenti une série de prêts pour le développement rural. La croissance n'était pas le point focal de cette approche réformiste qui insistait sur la nécessité de concevoir et de définir de nouvelles stratégies nationales et internationales qui donneraient la priorité à l'expression et à la satisfaction des aspirations humaines fondamentales.

La pensée réformiste a eu une influence considérable sur les organisations internationales et les donateurs d'aide. Les donateurs d'aide occidentaux ont accordé une prédominance croissante au problème de la pauvreté. Sous l'influence de cette pensée, la politique d'aide va évoluer vers :

- une forte croissance de l'aide au développement, consacrée à l'atténuation de la pauvreté ;
- un soutien apporté au secteur des besoins essentiels (santé, éducation, distribution d'eau potable, etc.) ;
- un financement de projets localisés, de petites tailles, par opposition à l'aide sectorielle et aux grands projets.

Le mouvement réformiste a perdu de son prestige après les chocs pétroliers dans les années 1980. Les PVD ont dû faire face à ces problèmes par des programmes de stabilisation détournant ainsi leur attention des problèmes de la pauvreté. De même, les pays industrialisés, confrontés aux problèmes de l'inflation, du chômage et de la récession, ont eu tendance à se concentrer sur leurs propres priorités internes et à ne plus se préoccuper de manière excessive de la pauvreté mondiale. Ainsi dans le monde, la question de la lutte contre la pauvreté connaît une véritable éclipse durant les années 1980. Cependant, cette question va renaître en Afrique, après les programmes d'ajustement structurel, à la fin des années 1990.

7.2 Les mesures d'ajustement

L'ajustement peut être considéré comme un ensemble de mesures qui s'inscrivent dans les théories néoclassiques. Deux types d'ajustement peuvent être distingués : l'ajustement par le commerce et l'ajustement structurel.

7.2.1 Les ajustements par le commerce ou l'ouverture

L'ajustement par le commerce s'inspire de la théorie des avantages comparatifs de Ricardo. Elle se fonde sur le retour du monétarisme : il faut donner la priorité aux exportations. Le commerce international devient le facteur de croissance. Le libre-échange est donc indispensable au développement du tiers-monde.

Il faut procéder à la marchandisation des produits non marchands. Chaque pays doit se spécialiser dans le domaine où il est le plus compétitif. Les pays sous-développés doivent mettre en valeur leurs avantages comparatifs, pour s'insérer dans l'économie mondiale et ainsi se développer. Selon l'organisation internationale du travail, l'Afrique devait se spécialiser dans l'exportation de matières premières et des produits agricoles de base. L'Asie aurait intérêt à se spécialiser dans la production de biens manufacturés de masse (nécessitant beaucoup de main-d'œuvre). Ainsi, l'industrialisation caractérisait les années 1960-1970. Elle était considérée comme la voie royale vers le développement (selon le modèle de l'Europe et des États-Unis). L'URSS portait aussi cette conviction d'industrialisation. Le surplus paysan a été prélevé dictatorialement en faveur de l'industrialisation par l'État planificateur – non par le privé.

Il convient de noter qu'il ne s'agissait pas de reprendre la stratégie de l'industrialisation de substitution aux importations (ISI) de Hirschman qui avait été victime de critiques (Heckscher et Ohlin) :

- l'ISI ne tient pas compte des avantages comparatifs et peut ainsi introduire une spécialisation internationale peu favorable :

- l'ISI provoque une protection élevée de certaines activités industrielles entraînant ainsi une mauvaise allocation des ressources en capital et en travail, au détriment de secteurs orientés vers l'exportation et de l'agriculture ;

- l'ISI favorise le protectionnisme dont des études ont montré les effets négatifs sur le revenu et l'épargne par rapport à la libéralisation des échanges ;

- l'ISI favorise le protectionnisme qui entraîne un manque de compétitivité des producteurs de biens finals à l'égard des concurrents étrangers, à cause de la non-maîtrise des prix à l'import et du coût élevé des biens intermédiaires. Ce qui constitue un blocage supplémentaire au développement.

Ainsi, le problème de l'accumulation de capital interne ne pouvait être séparé de celui de l'intégration du pays dans l'économie internationale. La théorie de l'ajustement par le commerce, prône une approche du développement fondée sur une plus grande ouverture de l'économie, inspirée de la théorie des « avantages comparatifs ». Cette théorie a été mise en pratique par les institutions de Bretton Woods : le FMI, la Banque mondiale et le GATT (qui deviendra l'OMC en 1995).

7.2.2 Les ajustements structurels

La théorie des ajustements structurels est née au début des années 1980. Avec la crise du pétrole, le monde est en récession. Tous les prix des matières premières (hors pétrole) s'effondrent. Les ajustements structurels consacrent le retour en force de la libéralisation de l'économie mondiale. Les prêts d'ajustement structurel ont eu une très forte influence. Les institutions de Bretton Woods délivraient des prêts à long terme pour soutenir les réformes structurelles, à la condition ou conditionnalité que des mesures visant notamment à accroître les exportations soient prises. Un assainissement du train de vie des États était nécessaire, mais les politiques d'ajustement auraient été conduites au détriment de la population et de la lutte contre la pauvreté.

Les pays du Sud très endettés n'avaient plus les moyens de payer l'emprunt qui a été conçu par la théorie du décollage. Il faut assainir les finances des États endettés pour les rendre solvables. Les institutions de Bretton Woods vont prêter aux pays endettés sous certaines conditions : restaurer leur solvabilité, devenir des pays libre-échangistes, désétatiser les économies.

Ainsi, cette théorie propose le désengagement de l'État et la libéralisation de l'économie. Les mesures d'ajustement structurel se sont déclinées sur une vingtaine d'années en deux grandes phases : la phase d'assainissement et la phase de relance.

La phase d'assainissement ou de privatisation de l'économie a permis le démantèlement des structures étatiques non productives, la suppression des subventions et la privatisation des entreprises productives. Dans la zone CFA, elle s'est terminée par la dévaluation monétaire pour rendre compétitive l'économie.

La phase de relance est caractérisée par la mise en place de programmes de développement sectoriel (agricole, industriel) basés sur des programmes d'investissement.

CHAPITRE 8

DES RÉSULTATS EN TERMES DE CROISSANCE ET D'ÉMERGENCE

Les théories du rattrapage néoclassiques, les théories de dépendances néo-marxistes, la pensée réformiste et les mesures d'ajustements ont permis une intégration progressive des dimensions sociale et politique (gouvernance), dans la mise en œuvre des projets et programmes de développement. L'intégration des dimensions technologique (industrialisation), économique, sociale et même politique dans la mise en œuvre du développement a permis d'obtenir de la croissance et de l'émergence.

8.1. La croissance

Le concept de croissance correspond à l'aspect quantitatif et global d'une évolution économique, saisie sur le long terme.

Selon Simon Kuznets (prix Nobel de Sciences économiques en 1971), la croissance économique d'un pays peut être définie comme une hausse à long terme de sa capacité d'offrir à sa population une gamme sans cesse élargie de biens économiques. Cette capacité croissante est fondée sur le progrès technique ainsi que sur les ajustements institutionnels et idéologiques qu'elle requiert. Plus généralement, la croissance économique est l'accroissement durable du produit global net, en termes réels, d'une économie. C'est donc un phénomène quantitatif et durable que l'on peut mesurer. La croissance économique serait une condition nécessaire du développement, mais elle n'est pas une condition suffisante car d'autres facteurs doivent entrer en compte pour améliorer durablement le niveau de vie des populations. Néanmoins, deux types de croissance ont été repérés en Afrique : l'industrialisation agricole et le développement autocentré.

8.1.1 Croissance par industrialisation agricole

La Côte d'Ivoire avait fait le choix de valorisation de ses avantages comparatifs avec l'ouverture et l'industrialisation de la production agricole. Elle avait rapidement connu une première croissance. Celle-ci fut suivie d'une décroissance dans les années 1980.

Plus tard, les politiques d'ajustement et la dévaluation des années 1994 avaient permis la relance de la croissance qui a été stoppée dans les années 2000 par la crise politico-civile. Le retour de la paix au début des années 2010 coïncide avec le retour de la croissance. Il apparaît que la croissance ivoirienne par industrialisation agricole s'est faite rapidement mais la question de sa durabilité se pose toujours. En fait, on a assisté par deux fois à une croissance rapide mais fragile. La croissance par industrialisation agricole et ouverture est-elle durable ?

8.1.2 Croissance par développement autocentré

Le Burkina Faso (de Thomas Sankara) et le Ghana (de Kwamé Nkruma) font partie depuis les années 2000, des pays africains dont la croissance soutenue est plus ou moins continue. Le Ghana est un pays voisin et très comparable par ses richesses naturelles, par son type d'agriculture et par sa taille, à la Côte d'Ivoire. Son adoption de la théorie autocentrée ne lui a pas permis d'avoir une fulgurante et rapide croissance fragile dans les années 1980 et 1990. L'atteinte d'une croissance durable a pris du temps. Mais elle semble durable et pourrait mener vers une émergence, selon les observateurs.

Le Burkina Faso n'a pas les mêmes conditions climatiques que la Côte d'Ivoire et le Ghana. Néanmoins, il connaît aujourd'hui une croissance importante et durable, qui pourrait lui permettre aussi de frapper à la porte de l'émergence. Son principal atout serait d'avoir choisi le développement autocentré et de compter principalement sur la compétence et la discipline des ressources humaines.

Il ne faut pas généraliser la réussite du modèle autocentré, à partir des seuls exemples de ces deux pays. La Tanzanie de Julius Nyerere qui avait opté pour le même modèle n'a pas connu la même trajectoire que le Ghana et le Burkina Faso. Par ailleurs, les récentes politiques volontaristes du Maroc (Mohamed V) et du Rwanda (Paul Kagamé) ont permis d'installer ces pays dans une croissance durable avec des mécanismes différents.

8.2 L'émergence

Les résultats des politiques de développement vont bénéficier à des pays qui vont être qualifiés d'émergents. En général, l'émergence est caractérisée par une industrialisation centrée sur les avantages comparatifs, permettant une accélération de la croissance sur une période plus ou moins longue. On parle ainsi de nouveaux pays industrialisés. Il s'agit de l'Afrique du sud, des quatre dragons asiatiques (Hong Kong, Singapour, Taïwan, Corée du Sud), les bébés Tigres (Malaisie, Indonésie, Thaïlande, Philippines, Brunei) et les jaguars latino-américains (Mexique, Argentine, Brésil, Chili, Colombie, Venezuela) qui ont joué durablement sur les avantages comparatifs (main-d'œuvre abondante, bon marché).

Il n'existe pas encore une stratégie consensuelle de la notion d'émergence. Même si les pays émergents ont adopté des stratégies diverses, certaines constantes ont été notées : des investissements étrangers, promotion active des exportations, protection et subvention des industries locales, encouragement des PME ou des grandes entreprises, etc. ce qui est suffisant pour certains théoriciens. Les pays asiatiques ont mis l'accent sur une stratégie d'industrialisation orientée vers l'exportation alors que les pays d'Amérique latine avaient opté pour l'industrialisation par la substitution d'importation.

Ainsi, l'émergence serait due aux politiques d'industrialisation mises en œuvre à partir de la théorie du « décollage » des années 1960. Mais, comme la théorie du décollage, elle affirme la nécessité de convergence des pays sous-développés vers les pays développés. Plus fondamentalement, l'émergence se confond avec une dynamique de croissance forte et durable (« growth sustaining »). L'émergence apparaît comme une notion proprement économique, même si certains pensent que la dimension politique (gouvernance) est importante. En effet, la croissance économique ne peut être durable et mener vers le développement qu'avec des bonnes politiques économiques et des institutions de qualité[45]. Ainsi, l'émergence passerait par un niveau de compétitivité et d'attractivité important à travers un environnement des affaires de classe internationale. Ceci passe par :

- une stabilité politique et macroéconomique,
- un dynamisme économique et une ouverture,
- un cadre réglementaire de qualité,
- des bases à long terme du développement adaptées,
- une capacité et une volonté à attirer les investisseurs.

Cette approche tente de marier « le décollage » et « les ajustements ». Son objectif est de faire passer d'une économie de faible croissance à une autre de croissance forte, durable et diversifiée, dans un contexte de stabilité macroéconomique.

Mais la question que l'on se pose au-delà de cette théorie en construction est la suivante : l'apparition des pays

---

[45] HAUSSMANN R., L. PRITCHETT et D. RODRIK (2005): *Growth accelerations*. Harvard University.

émergents devrait-elle conduire à nuancer les critiques du rattrapage qui ont été faites par les théories de la dépendance et la pensée réformiste du développement ? Seulement, l'émergence pose certains problèmes au pays du Nord, liés au marché de l'emploi et à la délocalisation même si bien d'autres facteurs (proximité du marché, coût de la main – d'œuvre) sont aussi à prendre en compte. Par ailleurs, la faible diversité des produits exportés aurait exposé les quatre Dragons aux fluctuations du marché mondial. En effet, ce qu'on a appelé la crise économique asiatique de 1997 a affecté durement les bébés Tigres avant de se propager aux quatre Dragons, puis à l'Argentine, au Brésil et à la Russie.

En 2001, l'Argentine était frappée par une grave crise qui conduit à une grève générale, à des émeutes et à la démission du gouvernement. Dans les années suivantes, le gouvernement argentin, imité par le Brésil du président Lula, remboursent intégralement leurs dettes envers le FMI et la Banque mondiale, afin de se libérer de leur tutelle. Ils considèrent en effet que les politiques d'ajustement structurel imposées par ces derniers ont été l'une des causes majeures de la crise. Pourtant, c'est cette même politique d'ajustement qui est imposée aux pays de la zone euro, les plus touchés par la crise financière internationale des années 2000, pour résorber leurs déficits budgétaires.

La notion d'émergence apparaît comme une variation adaptée à la mondialisation. En effet, la persistance de la dette du Tiers-monde et des déficits budgétaires en Europe serait une menace perpétuelle sur l'équilibre économique mondial dans le contexte d'une mondialisation de l'économie.

CHAPITRE 9

LA MONDIALISATION

La mondialisation est en rapport avec la libre circulation des biens, des services et des capitaux par-delà les frontières des États. Le Fonds monétaire international (FMI) la définit comme *« l'interdépendance économique croissante de l'ensemble des pays du monde, provoquée par l'augmentation du volume et de la variété des transactions transfrontières de biens et de services, ainsi que des flux internationaux de capitaux, en même temps que par la diffusion accélérée et généralisée de la technologie »*[46]. Aujourd'hui, la mondialisation est caractérisée par la libéralisation sans précédent des échanges, la révolution de l'informatique et des télécommunications, la sous-traitance mondiale, l'ouverture des marchés et la grande liberté de circulation des capitaux. Le FMI et la Banque mondiale préconisent la levée des distorsions potentiellement créées par les politiques de protection et de subvention. Ils encouragent les pays à réduire les réglementations et à orienter leur économie vers l'extérieur « *outward looking policy* ».

9.1 Soubassement de la mondialisation (technologies et économie)

La mondialisation est déclenchée fondamentalement par le libéralisme et elle est rendue possible par la technologie.

[46] http://www.muleta.org/muleta2/rechercheTerme.do?critere=&pays=fra&pager.offset=100&fi_id=510.

La mondialisation sur fond de libre-échangisme repose fondamentalement sur la théorie des avantages comparatifs de Ricardo. Ce libre-échangisme est fortement critiqué dans sa forme par les théories de la dépendance, même s'il a connu des applications réussies dans les pays asiatiques. Les critiques ont été plus ou moins prises en compte par des organismes internationaux comme le GATT et l'OMC dans le but de mieux les encadrer. Les accords (STABEX et SYSMIN remplacés par les APD) entre la CEE et les pays d'ACP étaient aussi une autre forme d'encadrement du libre-échangisme.

Trois instruments de la mondialisation peuvent clairement être identifiés : l'OMC (Ex GATT), les APD (ex accord CEE-ACP), l'AGOA de l'Amérique du Nord et même les relations Chine-Afrique.

La mondialisation est favorisée par les Nouvelles technologies de l'information et de la communication (NTIC) dont les moyens techniques permettent de relier en permanence l'ensemble des places financières du monde sur lesquelles se déplacent des capitaux à la recherche des placements les plus attractifs. Ces NTIC et l'abaissement du coût des transports ont permis plus facilement la rencontre des producteurs et des consommateurs du monde entier.

Le développement des technologies et de la concurrence se renforcent aussi l'un l'autre et apparaissent comme des phénomènes cumulatifs engendrant un cercle vertueux.

9.2 Enjeux de la mondialisation

La mondialisation a des enjeux importants dans la vie des nations et des individus. Ces enjeux sont en rapport avec les termes de l'échange, les politiques étatiques et la place du consommateur.

9.2.1 Évolution des termes de l'échange

La mondialisation est un enjeu important. Mais elle pose de nombreux problèmes. Permettra-t-elle une évolution des termes de l'échange en faveur de pays actuellement pauvres ? En d'autres termes, entraînera-t-elle un enrichissement de ces pays ?

En tout cas, deux phénomènes sont envisageables : la destruction de l'emploi et le dumping social dans les pays riches.

Pour la destruction de l'emploi, les pays disposant d'une main-d'œuvre non qualifiée pourraient faire baisser les prix sur le marché mondial, contraignant ainsi les entreprises des pays riches à recruter une main-d'œuvre moins qualifiée pour faire baisser les coûts de production et être plus compétitifs sur le marché mondial. Ce qui va faire chuter la demande en travailleurs qualifiés.

Le « dumping social » concerne la destruction des règles et droits acquis. La délocalisation se fait vers des pays dans lesquels les réglementations fiscales et sociales sont plus lâches pour permettre la limitation de la masse salariale et améliorer la flexibilité de l'emploi.

Ces deux phénomènes de destruction de l'emploi et de dumping social cacheraient aussi la course aux dividendes des actionnaires, au détriment des salariés. La réduction de la masse salariale serait, en réalité, au profit de la part versée aux dividendes dans la valeur ajoutée.

9.2.2 Affaiblissement des politiques étatiques

La mondialisation impose à l'industrie un mouvement de fusion-acquisition nécessaire dans un contexte où la taille critique augmente pour des besoins d'économies d'échelle. Elle agit, d'une part, sur l'implantation des unités de production (avantages/inconvénients en termes de productivité/coûts, de main-d'œuvre, de législation et de fiscalité) et, d'autre part, sur la taille des entreprises pour diminuer les coûts unitaires de production. Ce processus rendrait la création des richesses, leur contrôle et leur répartition moins contrôlables par l'État.

Les États entreraient dans une concurrence fiscale et réglementaire moins contraignante et spoliatrice à l'égard des entreprises. « *La mondialisation développe les capacités productives des entreprises et marque un recul du pouvoir d'intervention des États, lesquels ne peuvent plus utiliser l'arme du crédit sur les entreprises (les marchés des capitaux n'ont pas de frontières et l'époque de l'économie d'endettement est révolue) et peinent à mettre en place des politiques protectionnistes (sauf les politiques industrielles de subvention dénoncées par la Commission européenne)* »[47]. Ainsi, le volontarisme d'État serait condamné et l'efficacité de ses politiques économiques remise en question.

9.2.3 La réduction des coûts au profit du consommateur

La concurrence internationale des entreprises permettrait au consommateur d'avoir un accès à des gammes de produits plus importants à des prix moins élevés et la hausse du pouvoir d'achat. Les produits issus des technologies émergentes vont connaître une baisse rapide de leurs prix (téléphones cellulaires, appareils photo numériques, ordinateurs...) impliquant un impératif constant de réduction des coûts de production.

9.3 L'Afrique dans la mondialisation

Le continent africain est un continent géographiquement plein de ressources. Il reste pour le monde entier, particulièrement pour les puissances développées une source de matières premières : hydrocarbures, uranium, minéraux

---

[47] http://www.assemblee-nationale.fr/rap-info/i1963.asp.

rares, métaux rares, terres agricoles (agrobusiness occidental, chinois, brésilien et indien). Peut-être que demain le soleil, l'eau et la biodiversité seront les autres matières premières de l'Afrique.

Le capital international s'intéresse à ces ressources. La mondialisation va-t-elle permettre une délocalisation industrielle favorable au développement africain, à travers ses propres ressources naturelles ?

En tout cas, l'intérêt que les pays émergents (Chine, Inde, Brésil, Corée du Sud, Afrique du Sud) ont pour les ressources naturelles et le marché africain entraîne des conflits entre eux. Ces conflits peuvent constituer sûrement une opportunité pour les Africains de développer leur continent. L'Union africaine et les organisations sous-régionales (CEDEAO, UMEOA, UMA,...) devront certainement jouer un rôle important pour le développement, à condition que des programmes fédérateurs comme le NEPAD ne soient pas gérés par les experts de pays occidentaux. L'Afrique doit se doter, non pas seulement de cadres opérationnels de même niveau que leurs homologues européens, mais aussi d'une véritable expertise en analyse stratégique et prospective. Les programmes de développement fédérateurs définis par les politiques et techniciens ne peuvent porter les fruits du développement que s'ils ont un soubassement scientifique prospectif avéré.

Ces programmes devraient sûrement bénéficier d'une volonté politique clairement affichée envers les anciens et nouveaux partenaires, au détriment de l'opportunisme partenarial. Il faut une diplomatie active et non passive n'agissant qu'au gré des offres et positionnements des partenaires. Ceux qui, aujourd'hui, proposent à l'Afrique la construction d'une gigantesque infrastructure (de transport, des chemins de fer, des routes) pour son développement agricole et industriel pourraient avoir les mêmes comportements que les autres qui ont toujours proposé l'aide et le don. Fondamentalement, la Chine, l'Inde et le Brésil sont dans les mêmes conditions que les ex-puissances colonisatrices. Mieux, la mondialisation montre que le développement ne saurait se limiter à des dimensions économiques et techniques.

9.4 Programmes symboles de la mondialisation

Aujourd'hui deux programmes de développement symbolisent la mondialisation : les OMD et le NEPAD.

9.4.1 Les objectifs du millénaire pour le développement

Les OMD visent à réduire la pauvreté de moitié entre 2000 et 2015. Ils sont contenus dans la déclaration du millénaire, signée en septembre 2000. Ces OMD visent à combattre la faim et la pauvreté, à préserver l'environnement, à améliorer l'accès à l'éducation et à la santé, à promouvoir l'égalité entre les hommes et les femmes et à mettre en place un partenariat mondial pour le développement. Huit OMD ont été définis :

- la lutte contre la pauvreté
- l'éducation primaire pour tous
- l'égalité des sexes
- la réduction de la mortalité infantile
- l'amélioration de la santé maternelle
- la lutte contre les maladies
- le développement durable
- la promotion d'un partenariat mondial pour le développement.

Ainsi, les OMD entrent en ligne droite dans les stratégies d'appui au développement du Sud par le système des Nations unies. À l'heure du bilan, il faut reconnaître que les OMD n'ont pas été atteints même si des avancées peuvent être constatées. Ces résultats sont comme d'habitude imputés au déficit de financement, au manque de compétences des ressources humaines, aux aléas de la mise en œuvre des programmes sectoriels et peut-être même aux « résistances » des populations locales. Mais l'approche de détermination des OMD pourrait en constituer la cause principale. Par exemple, il est facile d'identifier un mélange de genre dans le listing des OMD. Ce listing par axes stratégiques procède d'une approche sous-sectorielle avec des axes stratégiques

NB : Les 17 objectifs de développement durable (ODD) qui ont remplacé les OMD, en septembre 2015, procède de la même approche de listing de contraintes dans un environnement dominé par le non formel.

9.4.2 Le Nouveau partenariat pour le développement de l'Afrique (NEPAD)

En 2000, les présidents de l'Algérie Adbel Aziz Boutéflika, du Nigéria Olusegun Obasanjo et de l'Afrique du Sud Thabo M'beki proposèrent le *plan MAP*, qui tentait principalement d'intégrer l'Afrique au cœur du dynamisme mondial. En janvier 2001, le Président sénégalais Abdoulaye Wade proposa lors du sommet France-Afrique de Yaoundé, le *Plan Oméga*. Celui-ci visait à « résorber l'écart entre pays développés et pays sous-développés, par des investissements massifs d'origine externe, coordonnés à l'échelle continentale, pour poser les bases du développement du continent africain ».

C'est en juillet 2001 que ces deux plans fusionnèrent sous le nom de *NEPAD,* au sommet des chefs d'État africains de Lusaka. Le NEPAD n'est pas une institution complètement autonome. C'est avant tout un projet, adopté comme cadre stratégique de l'Union africaine, dont l'ultime but est de combler le fossé séparant l'Afrique du reste du monde. Le document stratégique du NEPAD identifie pour le continent trois objectifs : promouvoir la croissance accélérée et le développement durable, éradiquer la pauvreté généralisée et extrême, et mettre fin à la marginalisation de l'Afrique dans le processus de mondialisation.

Ces objectifs se traduisent dans des priorités sectorielles concrètes :

- combler le déficit d'infrastructures (le comblement du fossé numérique, l'énergie, les transports, l'eau et l'assainissement) ;
- former les ressources humaines (combler le déficit éducationnel et renverser la tendance de l'exode des compétences) ;
- améliorer la santé ;
- développer un secteur agricole fort et durable ;
- assurer la sauvegarde et la défense de l'environnement ;
- diffuser et favoriser la culture dans tout le continent ;
- développer la science et la technologie.

Le projet du NEPAD devrait ainsi entraîner la croissance économique et le développement, l'augmentation des emplois, la réduction de la pauvreté et de l'inégalité, la diversification des activités productives, l'amélioration de la compétitivité internationale, la hausse des exportations, et enfin le renforcement de l'intégration du continent africain. Mais fondamentalement, le listing des objectifs du NEPAD procède de la même approche que celui des OMD.

9.5 La mondialisation, une théorie post-développement ?

L'accès à toutes sortes de produits a des conséquences sur la nature et les modes de consommation. Aucun produit (physique ou non) n'est neutre dans l'absolu. Tout produit véhicule des éléments culturels. On parle de mondialisation culturelle à travers le rétrécissement de la diversification et l'homogénéisation des goûts entraînant un rapprochement et une fusion de cultures qui se fait à travers deux processus :

- une assimilation à travers une acculturation (perte d'une culture locale) au profit d'une autre culture,

- un métissage culturel ou intégration culturelle dans lequel chaque culture constitue un apport pour l'autre.

Sur le terrain, il est plus observé un processus d'assimilation menant à une américanisation du monde. Conscient de ce fait, le gouvernement français prône l'exception culturelle dans les négociations commerciales. Elle concerne le cinéma (financement du film français), la chanson (quota de chansons françaises dans les radios), le livre (prix plancher) et la presse écrite ; elle consiste à subventionner la production culturelle française qu'elle soit ou non consommée afin justement de permettre et de stimuler cette création même si elle n'est pas nécessairement en phase avec le public. Il parvient à faire passer le principe selon lequel « la culture n'est pas une marchandise » à l'OMC qui adopta l'exception culturelle. Les biens culturels ne sont pas des biens marchands comme les autres et les États doivent pouvoir soutenir leurs créateurs et leurs artistes par les mécanismes de leur choix.

Ainsi, la mondialisation ne s'arrête pas seulement à l'économie et à la technologie. Elle touche plusieurs autres dimensions de la culture :

- ***la dimension politique*** : les valeurs de la démocratie et du libéralisme que porte la mondialisation, génèrent un rejet qui peut se vouloir culturel. Le multipartisme peut poser problème, « le multipartisme est une multi cochonnerie » dixit Fidel Castro. La censure du moteur de recherche Google en Chine populaire et la loi Gayssot française comme dans l'affaire de vente aux enchères d'objets nazis de la Seconde Guerre mondiale sur Yahoo apparaissent aussi comme des limites à la liberté absolue d'expression à l'américaine,

- ***la dimension sociale*** : les valeurs sociétales (la pornographie, l'homosexualité, la tolérance religieuse, la consommation d'alcools, l'égalité de droits hommes-femmes) du libéralisme occidental peuvent apparaître comme des déviances pour ne pas dire des contre-valeurs ailleurs dans le monde. L'Iran et l'Arabie Saoudite filtrent soigneusement les contenus du Net. Ils vérifient à leurs frontières que nul objet contraire aux enseignements du Coran ne passe. Par ailleurs, le libéralisme occidental ne s'accommode pas du travail des enfants mineurs et de l'inexistence de droits syndicaux en cours dans certains pays de délocalisation. Ainsi, des clauses sociales au commerce international ont été prises pour restreindre les importations de produits fabriqués dans des pays où les salaires seraient faibles, les mineurs au travail et les droits syndicaux inexistants (selon les critères de l'Organisation Internationale du Travail).

- ***La dimension environnementale :*** les valeurs écologiques ne sont pas unanimement partagées dans le monde. Certaines entreprises délocalisent pour fuir les contraintes réglementaires en matière de pollution. Ainsi, il a été proposé des clauses environnementales qui ont pour but de sanctionner les productions polluantes et non conformes au respect du critère de développement durable. Ces clauses seraient pour leurs défenseurs une façon de contrer le « dumping social ».

La mondialisation est certes basée sur les dimensions technologiques et économiques mais elle concerne aussi les dimensions politiques, sociales et environnementales, en tout cas, en ce qui concerne les produits culturels. Alors la mondialisation interpelle le monde, à l'image des concepts de développement humain et de développement durable. Même si elle apparaît plus comme un phénomène qu'un concept de synthèse, la mondialisation contiendrait-elle ces concepts de développement humain et de développement durable ? Peut-on procéder en une synthèse conceptuelle du développement économique et social, du développement humain et du développement durable ? Comment identifier sur le terrain les cibles et dimensions du développement ?

QUATRIÈME PARTIE

PRATIQUES DE DÉVELOPPEMENT À LA BASE ET PERSPECTIVES THÉORIQUES

Les théories de développement se sont mises en application à travers divers stratégies, politiques et programmes ainsi que des projets et actions de terrain. Les résultats de tant d'efforts financiers et humains ont été jugés décevants dans les années 1980. Peu de pays, peu de communautés locales ont réussi, grâce à ces interventions, à amener leur niveau de vie à un seuil jugé satisfaisant, comparativement à la critériométrie prédéfinie. Aucun des innombrables projets, grands ou petits, qui ont été lancés dans l'espoir d'apporter le développement, n'a été couronné de succès, loin s'en faut. Ils furent presque tous, plus ou moins, délaissés par la population locale pourtant supposée en être la bénéficiaire, dès après le départ des intervenants à la fin de cycle des projets.

Dans les années 1980-1985, beaucoup d'études sociologiques vont indexer les approches de mise en œuvre des projets de développement qui vont être qualifiées de dirigistes. Dans le monde rural africain, par exemple, le transfert de technologies va être critiqué et accusé de ne pas tenir compte des logiques et pratiques traditionnelles. Il a été ainsi défini, à partir de la seconde moitié des années 1980, de nouvelles approches d'intervention qui devraient permettre aux intervenants de mieux impliquer les populations dans les actions de développement, en prenant en compte leur rationalité. Ces approches, qualifiées de participatives, se sont répandues et ont envahi le monde rural tout au moins dans le discours des acteurs. Aujourd'hui, plus d'une vingtaine d'années après leur application, ces approches participatives ne se sont révélées pas plus efficaces que les précédentes qui ont été mises en œuvre pendant les 20 premières années qui ont suivi les indépendances. En effet, malgré l'envahissement du tout participatif, les actions et infrastructures de beaucoup de projets sont encore, plus ou moins, délaissées par les bénéficiaires après le départ des intervenants.

Ainsi, pour une période (une vingtaine d'années) plus ou moins égale de mise en œuvre pour les deux approches, les résultats des actions participatives ne sont pas formellement meilleurs que ceux des approches qui ont été qualifiées de dirigistes.

Cette dernière partie de l'ouvrage aborde la conduite du développement rural à partir des pratiques dans la vallée du fleuve Sénégal. Elle procède ensuite à une analyse du processus et des résultats de ces pratiques. Enfin, elle présente un essai de théorisation du développement en termes de systèmes et d'approches.

CHAPITRE 10

CONDUITE DE DÉVELOPPEMENT RURAL AU SÉNÉGAL

Le développement est-il un concept dynamique qui évolue en fonction du temps ? Le concept de développement économique et social apparaît non satisfaisant depuis les années 1990. Cet état de fait a permis la naissance des concepts complémentaires de développement humain et de développement durable. Mais quels sont les liens entre ces trois concepts (*développement économique et social, développement humain et développement durable*) ? Sont-ils complémentaires ? Peuvent-ils être fondus en un seul concept ? Ces questions s'intéressent fondamentalement à la nature du concept de développement.

La Vallée du Fleuve Sénégal a été choisie pour mieux comprendre la nature du concept de développement à travers les actions des intervenants qui foisonnent. Pour cette raison, un focus a été fait successivement sur le projet de développement rural, ses réalisations et ses résultats.

10.1 Projet de développement rural

« Depuis la Seconde Guerre mondiale, les ethnologues sont de moins en moins seuls sur le terrain. Ils ont été progressivement rejoints par (...) "les développeurs". Aujourd'hui, agences internationales, États nationaux, ex-puissances tutélaires, organismes privés encadrent les populations rurales pour les arracher à leur économie

d'autosubsistance et les faire entrer dans l'économie de marché »[48].

Le résultat escompté à travers ces actions d'encadrement est le développement rural. L'affirmation ouverte de la dimension économique du développement rural est due au fait que celui-ci ait d'abord été considéré comme le passage d'une agriculture de subsistance à une agriculture insérée, dans une économie de croissance. Ainsi, le concept de développement rural est né au cœur de la dialectique entre l'économie de subsistance et l'économie de croissance dominée par l'industrialisation. En effet, l'industrialisation a favorisé une économie de croissance et un milieu urbain bien différencié. Cette différenciation et le besoin de matières premières pour l'industrie ont été à l'origine des initiatives de développement rural.

D'ailleurs, il peut être retenu avec J.P. Olivier de Sardan[49] que : *« le développement (rural) comme forme volontariste moderne d'induction des transformations économique et sociale dans le sud n'est qu'une filière simultanée et ubiquiste par laquelle passe le changement économique et social »*. Alors que Gbaguidi[50] propose la définition suivante : *« le développement rural est le résultat d'une série de transformations quantitatives et qualitatives qui se produisent au sein d'une population rurale donnée et dont les effets convergents indiquent avec le temps un relèvement du niveau de vie et une évolution favorable du genre de vie »*. Le développement rural serait perçu comme l'ensemble des changements nécessaires dans la gestion et

---

48 MAILLASSOUX, Claude (1987). « Conclusions générales » in *Terrain et perspectives*, Paris : Édition ORSTOM Leydé, page 444.

49 OLIVIER DE SARDAN, Jean Pierre (1987). « Rapports de production, mode d'actions économiques et logiques sociales : quelques interrogations », in *Terrain et perspectives*, Paris : Éditions ORSTOM Leydé, p 403.

50 GBAGUIDI, N. e.

l'exploitation des ressources naturelles et comme un résultat d'une série de transformations quantitatives et de modernisations dans le milieu rural.

En tout cas, la notion de développement qui porte le projet de modernisation a longtemps véhiculé une vision monolithique et linéaire de l'avenir des populations et des cultures. Elle a été le fondement d'une vision verticale des interventions pour le développement. La plupart des théoriciens, y compris la plupart des économistes de la modernisation, reconnaissaient que la modernisation n'émerge pas spontanément dans les sociétés traditionnelles. Il fallait la susciter, voire pour certains, l'imposer.

On va reconnaître à l'État le rôle de conduire l'intervention à travers la mise en œuvre d'infrastructures, de système d'éducation, la promotion d'un secteur agricole plus productif, etc. Ces interventions doivent engendrer des transformations sur les plans technique, économique et social :

- abandon des anciennes pratiques de production agricole et adoption de la technologie nouvelle ou homogène ;
- délaissement de la production vivrière pour une production de matières premières pour les industries agroalimentaires ;
- destruction de la société traditionnelle, réorganisation des paysans.

La question centrale était de savoir comment, par étapes, les éléments de modernisation pouvaient déplacer et remplacer les éléments traditionnels. La théorie sociologique de la modernisation cherchait à repérer les éléments et les agents de changement qui pourraient modifier les valeurs et les comportements de la société traditionnelle dans le sens de la sécularisation, de l'individualisme et de la rationalité.

Dans ces changements ou transformations du monde rural, l'État devrait avoir quatre (4) types d'interventions :

- insertion de l'innovation (recherche, expérimentation, vulgarisation) ;
- aménagement du territoire ;
- conseil économique des agriculteurs (crédit/ commercialisation) ;
- et organisations agricoles (coopérative, Maison familiale).

L'intervention de l'État doit se faire de manière planifiée à travers des projets et programmes de développement rural. Aujourd'hui, c'est à partir du « modèle participatif » considéré comme laissant davantage de responsabilités à la base, que sont conduites les grandes lignes des divers programmes et projets, en matière de développement.

10.2 Les réalisations du projet de développement rural

La conduite du développement concerne plusieurs secteurs. Dans la Vallée du Fleuve Sénégal, l'agriculture, l'élevage, la pêche, l'hydraulique rurale, la transformation de produits agricoles, la santé, l'éducation, l'alphabétisation, les infras-tructures (piste de production) sont les principaux secteurs concernés par les projets de développement. Les services de l'État, les ONG, les organisations des producteurs et le secteur privé conduisent diverses activités[51] de développe-ment. Ces dernières sont incluses dans des étapes qui sont, elles-mêmes, comprises dans trois phases d'un processus global : la préparation, la mise en œuvre et le suivi-évaluation.

---

[51] NDIAYE, Amadou (2013). *Intervention pour le développement rural : conceptualisation à partir des pratiques dans la vallée du Fleuve Sénégal*. Thèse de sociologie, Université Gaston Berger de Saint-Louis.

Les activités de la phase de préparation permettent de faire l'état des lieux et de proposer le calendrier de réalisation qui planifie les activités de mise en œuvre sous forme de planning d'activités. Le suivi-évaluation consiste en l'observation, l'analyse et l'appréciation des activités de mise en œuvre. Ainsi, les activités de mise en œuvre constituent l'essence de l'intervention. C'est à travers ces activités que les intervenants cherchent à avoir des impacts sur la vie des sociétés rurales. Sur le terrain de la Vallée du Fleuve Sénégal, une typologie permet d'identifier trois types d'activités :

- des réalisations structurelles (organisationnelles) et infrastructurelles ;

- des appuis matériels, techniques et financiers aux activités de production ;

- et des activités de renforcement de capacités des bénéficiaires.

10.2.1 Les réalisations structurelles et infrastructurelles

Ces activités de réalisations comptent, d'une part, la mise en place d'infrastructures physiques et, d'autre part, la promotion de structures (organisations) chargées de leur gestion. Les réalisations consistent en la mise en place d'infrastructures de production (aménagement hydro-agricole) et des infrastructures à caractère social (forage, parc de vaccination, case de santé, etc.). Théoriquement, chaque infrastructure est affectée à une organisation pour son appropriation et sa gestion au nom de la communauté.

Plusieurs types d'organisations chargées de la gestion des infrastructures physiques sont promus dans la Vallée du Fleuve : unions hydrauliques pour les aménagements hydro-agricoles, comités de gestion (parcs de vaccination, magasin, etc.), associations d'usagers de forage, associations de parents d'élèves, comité de santé, etc. Ce sont des structures de gestion de biens et services communautaires. Ce sont des organisations sociocommunautaires. Elles sont chargées de rendre des services (distribution d'eau, de fournitures scolaires, de médicaments, utilisation des parcs et magasins, etc.) à leurs membres. Ces services constituent fondamentalement des activités de développement réalisées par les populations elles-mêmes.

10.2.2 Les appuis matériels et financiers

Les appuis matériels et financiers se font d'une part, par la mise en place des matériels et financement et, d'autre part, par la promotion des organisations chargées de leur gestion. Les appuis matériels et financiers peuvent être directs (financement d'un projet, don d'intrants, de matériels ou d'équipements) ou indirects (mise en relation avec un partenaire capable de fournir les mêmes produits). Ces financements, intrants et équipements doivent permettre aux populations de dérouler des activités génératrices de revenus (AGR). Ces dernières sont mises en œuvre par des structures (GIE, GPF, coopératives) qui ont en général, un objectif de rentabilité économique. Ces structures sont des organisations socio-économiques. Les AGR sont, en réalité, des activités de production (en général, agricole et de transformation, quelquefois des services) qui permettent à leurs membres de générer et d'améliorer les revenus. Ces activités de production (primaire, secondaire et tertiaire) constituent aussi des activités de développement réalisées par les populations elles-mêmes.

10.2.3 Les activités de renforcement de capacités

Dans la mise en œuvre des projets d'intervention, les activités de renforcement de capacités occupent une place très importante. Leur objectif est de développer les compétences des bénéficiaires. Dans la vallée du fleuve Sénégal, nous avons identifié trois types d'activités :

- les activités de communication de groupe : séminaires, ateliers de formation, visites d'échange, parcelles de démonstration et champs-école,

- les séances de communication de masse : Fora, émissions radio, affiches, spots publicitaires sur des Tee-shirts, banderoles, films télévisés, etc.,

- les activités de communication interpersonnelle : conseils personnalisés, démonstration au champ, conseil de gestion.

Les activités de renforcement de capacités sont des moments de communication interpersonnelle, de groupe ou de masse. Elles ont pour objectifs de développer des compétences (en termes de savoir, savoir-faire et savoir-être) cibles. Ce sont des activités pédagogiques sous forme de face-à-face direct ou non. Ainsi, les activités de renforcement de capacités peuvent être classées dans le concept général des activités d'information, d'éducation et de communication (IEC). Ce sont des activités d'éducation non formelle[52].

Au total, la conduite du développement dans la Vallée du Fleuve Sénégal concerne le secteur primaire (agriculture, élevage), le secteur secondaire (transformation des produits agricoles) et le secteur tertiaire (santé, hydraulique, alphabétisation). Elle se fait à travers des réalisations infrastructurelles, des activités de renforcement de capacités (éducation non formelle), des appuis matériels et financiers. Ces réalisations et activités favorisent la mise en place et le développement d'organisations sociocommunautaires et socio-économiques.

Alors, trois types d'activités de développement rural peuvent être retenus : les activités éducatives (IEC), les

---

[52] NDIAYE, Amadou (2013). *L'agriculture sénégalaise de 1958 à 2012 : analyse systémique et prospective*. Paris : L'Harmattan, Collection : Études Africaines.

activités d'appui infrastructurel et organisationnel (AIO) et les activités de productions primaire, secondaire et tertiaire. Les deux premiers types d'activités (éducation et appui) sont théoriquement de la responsabilité de l'État alors que les activités de production reviennent aux organisations privées des populations. Il arrive que des organisations non étatiques et communautaires (ONG, OP) fassent des activités d'éducation et d'appui pour combler ou compléter des actions de l'État. Les activités de production sont du ressort des organisations socio-économiques privées même si l'État peut les aider à faire de la production. Depuis l'époque des ajustements structurels des années 1980, il est exceptionnel de voir l'État du Sénégal s'engager dans des activités de production dans le monde rural.

Les intervenants pour le développement rural conduisent essentiellement des activités éducatives et des activités d'appui infrastructurel et organisationnel. Ces activités ciblent respectivement l'homme et son environnement (physique et social). Autrement dit, la conduite du développement rural cherche à obtenir des résultats sur l'homme et son environnement (*modernisation des infrastructures, des organisations socio-économiques et sociocommunautaires*).

10.3 Les résultats attendus du « projet de développement rural »

Les réalisations pour le développement dans la Vallée du Fleuve Sénégal mettent en place des infrastructures, matériels, équipements. Pour ce faire, elles suscitent la création d'organisations sociocommunautaires (Associations de Parents d'Élèves, Union hydraulique, Comité de forage, comité de santé, mutuelle de santé, etc.) et d'organisations socio-économiques (mutuelles de crédit, banques de céréales, coopératives agricoles, etc.). Mais aussi elles organisent des sessions de renforcement de capacité des responsables. Ces activités de développement de compétences cherchent à transmettre des normes modernes de gestion des infrastructures, matériels, équipements et organisations. Six types de normes ont été identifiés à travers les contenus des sessions de renforcement de capacités. Il s'agit :

- des normes techniques : technologies de production agricole, technologies de transformation des produits, techniques de gestion administrative des organisations ;

- des normes économiques : gestion comptable, approvisionnement, technique de commercialisation, gestion de revenus, crédit bancaire ;

- des normes sociales : gestion des relations, développement de l'esprit de groupe, dynamique de groupe, lobbying ;

- des normes de gestion durable des ressources naturelles : reboisement, production écologique et/ou biologique, conservation des sols, lutte contre la salinité, gestion intégrée des déprédateurs ;

- des normes politiques : démocratie dans les organisations, renouvellement des instances, participation, transparence, bonne gouvernance ;

- des normes cultuelles : gestion des opportunités, professionnalisme et perfectionnement, réconfort, motivation, respect des cultes locaux.

Ainsi, la conduite du développement vise à avoir un impact sur les dimensions **technique, économique, sociale, durable, politique et cultuelle** de l'environnement physique (*infrastructures, matériels, équipements*) et social (*organisations sociocommunautaires ou socio-économiques*) de l'homme, à travers la transmission et l'adoption de normes modernes. C'est fort de cela qu'un responsable d'un projet d'intervention nous soulignait que *« les infrastructures et appuis ne sont qu'un prétexte pour renforcer les capacités »*.

Par ailleurs, les activités de renforcement de capacités se font sous forme de face-à-face pédagogique et ont pour objectif d'installer des compétences en termes de savoir, savoir-faire et savoir-être chez les cibles. À ce titre, elles constituent des activités éducatives non formelles. Toutes les formes d'éducation cherchent à développer les domaines physique, intellectuel, émotionnel, social, spirituel et économique[53] de l'homme.

Ainsi, on peut retenir que dans la Vallée du Fleuve Sénégal, les réalisations du projet de développement cherchent à normaliser la gestion des infrastructures, organisations, matériels et équipements mis à disposition, à travers des activités éducatives. Ces dernières ont aussi pour objectifs de faire évoluer les valeurs (physique, intellectuelle, émotionnelle, sociale, spirituelle et économique) des acteurs bénéficiaires.

Fondamentalement, la conduite du développement rural est un processus qui cible l'homme et son environnement physique (mise en place d'infrastructures, de matériels et d'équipement) et social (mise en place d'organisations sociales, d'organisations économiques). Pour l'homme, les résultats attendus concernent le développement des domaines physique, intellectuel, émotionnel, social, spirituel et économique. Pour l'environnement physique et social, ils ciblent le développement des dimensions technique, économique, durable, cultuelle, sociale et politique.

Cette appréhension du développement rural, à travers les pratiques dans la Vallée du Fleuve Sénégal, peut-elle nous permettre de mieux comprendre la notion du développe-ment ? Faudrait-il d'abord mettre à l'épreuve

[53] NDIAYE, Amadou (2013). *Intervention pour le développement rural : conceptualisation à partir des pratiques dans la vallée du Fleuve Sénégal*. Thèse de sociologie, Université Gaston Berger de Saint-Louis.

cette perception du développement ? Pour ce faire, il faut trouver un contenu plus universel aux domaines et dimensions identifiés dans la Vallée du Fleuve Sénégal. Le paradigme voudrait que le développement soit à la fois un processus à travers les réalisations et un résultat à travers les effets recherchés.

CHAPITRE 11

LE DÉVELOPPEMENT : ENTRE RÉSULTAT ET PROCESSUS

Dans la vallée du fleuve Sénégal, il est établi précédemment que la conduite du développement rural cherche à obtenir des résultats sur l'homme et son environnement physique et social à travers des réalisations structurelles et infrastructurelles (appui organisationnel et infrastructurel : AOI), des activités de renforcement de capacités ou d'Éducation (AdE) pour permettre aux bénéficiaires de développer leurs activités de Production (AdP). Dans ce chapitre, un essai de généralisation est effectué pour tout projet de développement.

11.1 Le développement en tant que résultat

Le développement en tant que résultat doit être un état mesurable ou constatable sur la personne et son environnement physique et social.

11.1.1 Le résultat sur l'homme ou le développement de la personne humaine

Les divers domaines de développement de la personne humaine sont à l'état de dépendance lors de sa naissance. Au fur et à mesure de son développement personnel, l'homme acquiert son autonomie dynamique qui lui permet de subir, de réagir en personne autonome et responsable dans sa société. Cette autonomie s'acquiert à travers des activités de développement de compétences (en termes de savoir, savoir-faire et savoir-être) et lui permet de renforcer ses capacités (analyse, synthèse, action). Celle-ci prend en compte les domaines physique, intellectuel, émotionnel, social, économique et spirituel de la personne humaine[54]. Le développement de ces domaines est exprimé plus souvent sous forme d'autonomie.

L'autonomie du domaine physique est acquise, de façon visible et progressive, quand l'enfant commence à développer ses capacités de se mouvoir, de faire usage coordonné de ses membres et d'exercer des activités sportives pour développer ses muscles et maîtriser ses énergies. Elle se poursuit dans l'entretien du corps et l'hygiène corporelle et alimentaire. Cette autonomie détermine la capacité de choix des aliments, des marques de boisson, de l'usage ou non des drogues et excitants. Elle se complète par l'habillement et la coiffure.

L'autonomie du domaine intellectuel permet d'écouter, de comprendre, d'interpréter et de juger de manière critique, donc de traiter ainsi les informations et d'en choisir pour élaborer des réponses aux actions de la vie. Mieux, la capacité d'innover occupe une place importante dans l'autonomie du domaine intellectuel. Le développement intellectuel ne signifie pas seulement être scolarisé ou diplômé. Des individus non ou peu diplômés font preuve d'autonomie intellectuelle remarquable.

L'autonomie du domaine émotionnel rend la personne capable de reconnaître ce qui est ressenti, de maîtriser et de contrôler ses émotions pour les laisser s'exprimer librement ou sous contrôle en fonction des situations. Les émotions et sentiments sont des réactions naturelles, spontanées et légitimes à des stimuli extérieurs. Savoir les reconnaître et ne pas les refuser permet à la personne de mieux les maîtriser et d'avoir une bonne maîtrise de soi. Cependant, l'expression des sentiments et émotions n'exclut pas le respect de l'intégrité des autres, pour une personne autonome sur le plan émotionnel.

---

[54] Du scoutisme tout simplement, COFSRAL, Nd.

L'autonomie du domaine social, qui est à la base de toute paix durable, est liée à celle du domaine émotionnel. Certains parlent du domaine socio-émotionnel. L'autonomie sociale consiste en la reconnaissance, l'acceptation, la tolérance et le respect de l'autre qui est différent, complémentaire, interdépendant, coopérant (soutien) et en interaction (communication). Elle permet une intégration des règles sociales, l'adaptation de la conduite dans un système de valeurs librement accepté. Être autonome socialement permet de passer du conformisme de façade à une adhésion profonde à des règles de vie commune.

L'autonomie du domaine économique consiste à développer les capacités de repérer, d'identifier et de puiser des éléments dans les ressources (naturelles, financières, matérielles et humaines) disponibles pour vivre. Il s'agit de savoir consommer le capital obtenu à travers ces ressources ou de le mettre en valeur pour en faire un moyen de générer des revenus. Aussi, la capacité de gérer les revenus, en les considérant comme de nouveaux moyens, en refusant d'en être prisonnier et esclave, est un signe d'autonomie économique. L'autonomie économique permet à la personne de trouver l'énergie nécessaire à sa vie. La personne puise dans les ressources un capital, qui est transformé en moyen, puis, associé à d'autres moyens, génère des revenus nécessaires à l'obtention de l'énergie pour entretenir la vie.

L'autonomie du domaine spirituel consiste à accepter de vivre et approfondir une dimension qui dépasse les choix conscients de la vie (code génétique, naissance, mort) pour en développer une conscience personnelle et en élaborer des moyens (rites, cultes) sédatifs d'entrer en contact, de communiquer, d'interagir et d'influencer ce surnaturel.

La prise de conscience du domaine spirituel est déterminée par le constat de l'impuissance de l'homme devant l'hyper puissance de la nature. L'homme au milieu de l'univers est en face de l'infiniment grand et de l'infiniment petit ; il ne peut se mesurer à aucun de ces deux. Malgré les forces dont la nature l'a doté pour explorer et exploiter les ressources, l'homme est impuissant et éprouve de la peur et/ou de l'admiration devant certains phénomènes. Au-delà de la connaissance et de la compréhension de phénomènes naturels (naissance, vieillissement, mort, catastrophe naturelle), l'homme craint toujours de ne pas les maîtriser. Mieux, l'homme se rend compte de plus en plus qu'il semble être enfermé dans un système fonctionnel qui régit l'univers de l'infiniment petit à l'infiniment grand. Ainsi, toutes ses inventions ne sont, en réalité, que des découvertes inscrites dans sa propre nature et celles de l'univers. Ces découvertes déclenchent des sensations de peur ou d'admiration. Celles-ci qui sont déterminantes dans l'autonomie du domaine spirituel, permettent à l'homme de relativiser ses échecs et ses succès. L'autonomie du domaine spirituel donne un sens, une direction et une valeur à la vie humaine. Son influence sur les autres domaines détermine le développement de la personne humaine.

L'autonomie des domaines de développement de la personne humaine et leurs influences mutuelles permettent un développement humain intégral. Celui-ci constitue un gage d'une vie équilibrée et dynamique dans un environnement dont les dimensions doivent se développer. Elle permet à chaque individu de porter des valeurs plus ou moins expansives (physique, sociale, économique, émotionnelle, spirituelle, et intellectuelle) qui sont matérialisées par des diplômes, des certificats, des médailles, des grades, des stations, etc. Ainsi, les sociétés, communautés, groupes et sous-groupes tentent d'harmoniser les valeurs de leurs membres en permettant à chaque individu de développer sa personne humaine une dominante (physique, sociale, économique, émotionnelle, spirituelle, et intellectuelle) bien choisie.

Par ailleurs, la notion de développement humain intégral va au-delà du concept de développement humain mesuré par l'IDH du PNUD. En effet, on peut rappeler que l'IDH tient compte de trois facteurs :

• le niveau de vie mesuré par le pouvoir d'achat moyen dans chaque pays ;

• le niveau de santé mesuré par l'espérance de vie ;

• le niveau d'instruction, mesuré par le taux d'analphabétisme et la durée moyenne de scolarisation.

Un premier niveau de comparaison pourrait consister à assimiler d'abord le facteur « niveau de vie » au domaine économique[55], ensuite le facteur « niveau de santé » au domaine physique et enfin le facteur « niveau d'instruction » au domaine intellectuel. Dans cette optique, les domaines émotionnel, social et spirituel de développement de l'homme seraient absents dans la notion de développement humain.

Un deuxième niveau se réfère au facteur « niveau de vie » qui ne prend pas en compte tout le domaine économique de la personne humaine car, d'une part, « le pouvoir d'achat » ne mesure pas les capacités de repérer, d'identifier et de puiser des ressources (naturelles, financières, matérielles et humaines) disponibles, d'autre part, il ne prend pas en compte l'énergie pour entretenir la vie. De même, « l'espérance de vie » ne prend pas en compte la capacité de développer et de maîtriser ses énergies.

Ensuite, le facteur « taux d'analphabétisme et durée moyenne de scolarisation » ne reflète pas le développement intellectuel qui ne signifie pas être scolarisé ou diplômé. Les capacités de compréhension, d'interprétation, de

---

[55] Étant donné qu'on parle de niveau, on cherche à les mesurer (ici le PIB et le taux de croissance) ; le social, le spirituel et l'émotionnel ne peuvent faire l'objet de graduation sur une échelle.

jugement, d'élaboration de réponse et d'innovation ne peuvent se mesurer nullement par un quelconque taux d'alphabétisation. Néanmoins, une objection à cette analyse peut être soulevée ici pour dire que la scolarisation est une œuvre d'éducation et qu'à ce titre, elle permet de prendre en compte tous les domaines de développement humain sans exception.

Un troisième niveau permet de relever que le développement humain intégral et l'IDH ne relèvent pas du même paradigme. Fondamentalement, le développement humain intégral s'intéresse à la capacité de la personne humaine alors que la mesure de l'IDH se concentre sur le développement de l'environnement physique et social à travers notamment le PIB. Il permet de mesurer le « niveau de vie », l'accès aux services de santé, « l'espérance de vie » et « le taux de scolarisation ». Le développement humain intégral se concentre sur l'autonomie de chaque personne.

11.1.2 Les résultats sur l'environnement physique et social : les dimensions du développement

Les actions de développement agissent sur l'environnement physique et social qui se transforme et réagit. Toute action de l'homme sur l'environnement peut être visualisée à travers six dimensions de développement.

La dimension économique du développement est déterminée par la prise en compte de la génération, de la conservation et de la démultiplication des richesses (capital et revenu) financières et/ou matérielles dans une communauté. La valeur ajoutée des biens et services constitue le centre de la dimension économique du développement.

La dimension économique est déterminée par les moyens mis en œuvre pour fructifier le capital. Elle est mesurée par la croissance économique et concerne l'approvisionnement, la production, le marché ainsi que la consommation des produits physiques et de services. Ainsi, elle est en rapport avec le choix, la taille des unités de production et de consommation, le choix de la qualité, le niveau de productivité ainsi que la consommation qualitative et quantitative des biens et services. La dimension économique suppose que chaque acteur puisse se nourrir, se vêtir, se loger et s'entretenir à travers une activité ou profession.

Pour les théories classiques et néoclassiques, la dimension économique est gérée par ce que l'on appelle le marché qui est caractérisé par l'offre et la demande. Pendant longtemps la fructification du capital reposait sur la quantification de l'offre et de la demande. Cependant, on assiste progressivement à une demande sélective qui se soustrait de plus en plus d'une offre quantitative. Ainsi, la production et la consommation doivent faire face à des logiques économiques qualitatives (Bio par exemple). Il ne s'agit plus d'investir peu et de gagner beaucoup. Le consommateur, influencé par les autres dimensions, ne cherche pas seulement à économiser plus son avoir dans le choix des produits de consomma-tion, mais aussi à se sécuriser.

Fondamentalement, la dimension économique se traduit par des quantités de productions, d'échanges et de consommations. Elle a une composante microéconomique quand elle s'intéresse à l'entreprise et au consommateur mais aussi une composante macroéconomique quand elle traite d'un ensemble agrégé (pays, région, etc.). La dimension économique met en exergue la croissance et peut être déterminée à l'échelle d'un pays par le PIB. Cette dimension a été et reste encore l'axe déterminant des théories de l'économie politique et de développement.

La dimension technologique du développement est déterminée par la prise en compte de la génération, de la démultiplication et de la valorisation des techniques et technologies. Ces dernières concernent le processus d'appropriation, de domestication, de la plus-valorisation (transformation) et de meilleure maîtrise des éléments naturels et artificiels.

L'homme met en œuvre sa rationalité (empirique et/ou scientifique) pour analyser, comprendre, interpréter, capter et reproduire les fonctionnements des cycles énergétiques à travers un outillage technique adapté. Ainsi, la dimension technologique prend en compte la production de techniques empiriques et de technologies qui permettent à la communauté de mieux comprendre les phénomènes, de mieux domestiquer les ressources naturelles (macroscopique et microscopique) et de mieux les transformer pour une consommation médiate ou immédiate. Elle suppose le développement des outils adéquats pour mieux réaliser les activités de domestication, de production et de transformation.

La dimension technologique est constituée de l'ensemble des moyens artistiques, scientifiques, techniques et pratiques qui sont mis en œuvre pour la domestication, la production, la transformation, la conservation et l'épuration (dégradation des déchets). Ces moyens déterminent la productivité et la « dégradabilité » des produits et déchets. La qualité du niveau technique ne se mesure pas seulement à la capacité de beaucoup produire et de consommer mais aussi à celle de dégrader les déchets ainsi que celle de reproduire et faire reproduire les ressources naturelles. De plus, la capacité de produire propre et de consommer propre, constitue un autre niveau de la dimension technologique.

Le système de gestion (invention, découverte, innovation, expérimentation, transfert et diffusion, production, consommation, commercialisation...) des ressources et milieux détermine le niveau technique et technologique de chaque société. En effet, les sociétés n'ont pas les mêmes niveaux techniques. Cependant, chacune a un niveau qui lui permet d'assurer les opérations nécessaires à l'aménagement et à l'exploitation des ressources naturelles. En général, dans les théories économiques et de développement, la dimension technologique est sous-entendue et ne fait pas l'objet de dissertations soutenues.

La dimension sociale du développement est déterminée par la prise en compte de la nécessité de faire participer tous les membres de la communauté aux différentes activités ainsi qu'à leur faire bénéficier des produits et services communautaires pour l'amélioration du niveau de vie de chacun. Ceci passe par la socialisation de chaque membre.

La dimension sociale est ainsi déterminée par l'organisation sociale et le système de solidarité. L'organisation sociale détermine les classes sociales (gouvernant, gouverné) et les organisations de défense d'intérêt (société civile, coopérative, syndicat, patronat...). Elle entraîne l'installation de valeurs transmises par un système plus ou moins efficace, entraînant un conservatisme ou une ouverture relative. Ces valeurs peuvent être : celle dont atteste un diplôme ou l'expérience, la vigueur musculaire ou sportive, la tolérance, la patience, l'intolérance, l'impatience, la tendance à nuire, le pardon ou la vengeance, l'altruisme, la responsabilité, la dépendance...

Le système de solidarité est déterminé par les modalités d'accès aux ressources, biens et services de tous les membres de la communauté, ainsi que celles de leur participation aux activités de développement. Ainsi, au-delà de l'éducation, le système détermine pour chaque individu les possibilités d'accès à la santé, à l'eau, à l'alimentation, à l'emploi, au loisir, etc. Les trajectoires sociales sont en partie déterminées par ce système de solidarité. Les grilles d'analyse de genre peuvent servir à mieux comprendre les systèmes de solidarité.

Les types d'organisation sociale et le système de solidarité déterminent le système de normes et valeurs sociales d'une communauté. Chaque société détermine ses normes sociales selon des contextes particuliers et construit sa dimension sociale progressivement selon ses degrés de conservation et d'ouverture. La dimension sociale se traduit par la manière et la facilité de satisfaire ses besoins, de se mettre aussi à l'aise, individuellement et collectivement.

Les théories de développement prennent plus en compte l'accès aux ressources et surtout aux biens et services, en rapport avec le système de solidarité alors que l'organisation sociale n'est pas fondamentalement développée dans ces théories. Mieux, les modalités d'accès doivent être mieux caractérisées.

La dimension politique du développement est déterminée par la prise en compte de l'art de produire un système de gouvernance approprié à la paix civile dans une communauté humaine. Elle est déterminée par l'organisation politique qui repose sur la gestion du pouvoir (figure 1).

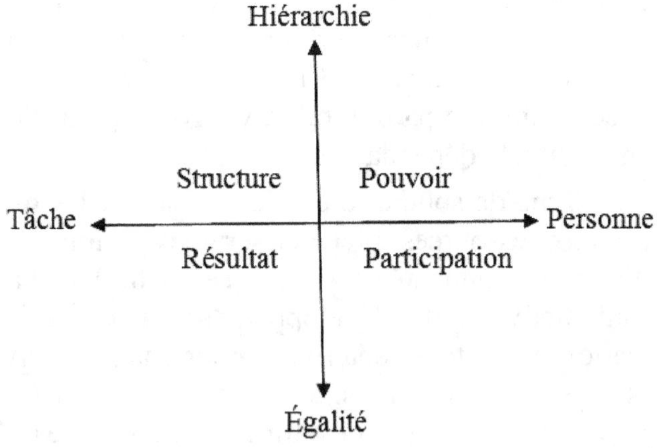

Figure 1 : Diagramme des pouvoirs (sources BMS)

La gestion du pouvoir détermine plusieurs types d'organisations politiques et de gouvernances dont les quatre principaux sont[56] :

- l'organisation bâtie sur le ***pouvoir*** concentré entre les mains d'une personne qui détient le sort de tous. Un pouvoir **hiérarchique et personnel** protégeant tous les citoyens qui acceptent de se soumettre. Ce modèle a été de rigueur à Rome entre 27 et 476 av. J.-C. La culture a été orientée vers le pouvoir et l'exercice centralisé de celui-ci, avec une distance hiérarchique grande entre le sommet et la base. Difficilement accessibles, les privilégiés fixent les références et prennent des décisions pour le bien de la communauté. Chacun se reconnaît à travers un système social qui exerce une certaine pression morale et manipulatrice sur chaque individu. Ce dernier respecte les normes et fuit l'individualisme qui se traduit par le rejet et la marginalisation. Le pouvoir est politique et l'autorité est diffuse mais présente partout.

- l'organisation bâtie sur la ***structure*** qui se construit sur la **hiérarchie et la tâche**. Le pouvoir est entre les mains d'un petit nombre. L'autorité est partout à travers une structure bien rodée. Chaque petit groupe a un responsable gestionnaire qui transmet les informations venant de la hiérarchie et qui en même temps rend compte. Sparte a fonctionné selon ce modèle entre le 8e et le 7e siècle av. J.-C. Le statut de chacun dépend de sa place dans la hiérarchie et sa place est attachée à une fonction précise. De cette place, dépend le pouvoir de chacun dans la structure du groupe qui lui impose de suivre les règles dans ses actions.

- l'organisation bâtie sur le ***résultat*** qui seul compte. Ainsi, tous les gens se sentent **égaux** et chacun compte sur

[56] Bureau mondial du Scoutisme : ARGOS Approche de la « culture » d'association, Non daté.

la **tâche** à accomplir pour assurer la prospérité de tous. Chacun a son roi et son dieu comme en Phénicie entre 1200 et 300 av. J.-C. La culture se caractérise par son égalitarisme. Tous sont égaux et disposent des mêmes chances. La réussite fruits de l'effort, les départage. C'est le pouvoir de ceux qui sont décidés à entreprendre, celui des gagnants qui mettent tout au service de la tâche, ne ménageant ni leur temps ni leur peine. Le formalisme, la théorie, la règle, l'âge, etc. n'ont pas d'importance. Ce qui compte, c'est l'audace et surtout la réussite. La structure n'est importante que si elle permet à chacun de mieux réaliser sa tâche. Elle peut être modifiée à chaque fois que de besoin pour accélérer le progrès et libérer les initiatives.

- l'organisation bâtie sur la **participation**. Ici, chacun est compté parce qu'il est une **personne** d'abord. Alors, tout le monde a la **même dignité** pour participer à la gestion de la cité. La citoyenneté reposant sur la vertu politique et civique est importante et fait naître la liberté. Athènes a expérimenté ce pouvoir avec une assemblée de citoyens masculins à partir de 500 av. J.-C. Le pouvoir est centré sur la personne qui doit progresser et s'épanouir. La qualité du groupe dépend de la qualité de chaque personne et de son progrès. Les individus se complètent les uns les autres et les richesses individuelles se combinent au profit du groupe. Les spécificités et les libertés d'expression de chaque personne sont respectées. Aucun conformisme à un modèle prédéterminé n'est attendu. La différence est acceptée. Le libre engagement et le sentiment d'une mission à accomplir pour chacun est de rigueur. On procède par essais et par erreurs, sans se fixer dans le second. Tout peut être redéfini à tout moment. Le but idéal est lointain et ne sera jamais totalement accompli.

Chacun de ces quatre types d'organisation politique a ses atouts et ses contraintes. Dans l'absolu, aucun de ces types d'organisation n'est meilleur que l'autre. C'est le contexte et le degré d'ouverture qui déterminent la réussite de chacun. De même, aucun de ces systèmes d'organisation politique ainsi décrits ne fonctionne absolument. Il existe une dominante qui cache souvent mal les éléments et caractéristiques des autres organisations.

Par ailleurs, le type d'organisation politique est déterminant pour la satisfaction des besoins locaux et la mobilisation des ressources. Par exemple, ce type détermine la création et/ou la profusion d'institutions (Association, ONG, parti politique) de même que les stratégies de leur accaparement plus ou moins importantes. Ainsi, il arrive que l'on assiste à un contrôle cumulatif des institutions de société civile et de l'État, par les mêmes personnes dans certaines communautés ou par différentes personnes dans d'autres.

En général, la dimension politique est évoquée sans pour autant être prise en compte dans les théories du développement. Souvent, elle est détachée des théories du développement. En 1990, le Président François Mitterrand a fait un discours à la Baule, conditionnant l'aide au développement à une réorganisation des systèmes politiques. Il a accusé les types de politiques africains d'alors d'être le facteur limitant le développement. La dimension politique était mise au grand jour à côté des dimensions économiques et sociales du développement.

La dimension durable du développement est déterminée par la prise en compte de la possibilité de maintenir les équilibres naturels et écosystémiques propices à la vie humaine sur terre pour les générations humaines actuelles et futures.

La dimension durable a deux composantes à savoir la gestion des écosystèmes (ressources naturelles et déchets) et la croissance démographique. En effet, le développement suppose la consommation des ressources naturelles et la production de déchets. Le renouvellement des ressources ne pourrait soutenir un certain rythme de prélèvement. De même, la capacité de dégradation des déchets dans la nature a ses limites. La croissance démographique prend en compte l'équilibre dans le temps et dans l'espace. Ainsi, l'équilibre des ressources naturelles et celui des ressources humaines sont fondamentaux pour le développement. La gestion des ressources compte trois axes :

- la gestion durable des ressources naturelles et des déchets,
- la gestion quantitative et qualitative des ressources humaines,
- la dialectique entre ces deux gestions, à travers la planification dans le temps et dans l'espace.

La dimension durable projette le développement dans le temps et dans l'espace. La disponibilité des ressources pour les générations actuelles et futures est prise en compte. Depuis les années 1970, la menace sur la terre et la finitude des ressources naturelles font l'objet de productions scientifiques reconnues, mais c'est dans les années 1990 que la gestion durable des ressources naturelles a intégré véritablement la théorie du développement à travers le concept de développement durable. Le lecteur aura noté que la dimension durable du développement se concentre ici sur la gestion des ressources (abiotiques, biotiques et humaines) ainsi que des déchets. Cette notion de dimension de développement est différente du concept de développement durable qui est un concept intégrateur de trois piliers (économique, social et de gestion des ressources).

La dimension cultuelle du développement est déterminée par la prise en compte d'un ensemble de pratiques de gestion du système relationnel et sensationnel entre l'homme et le surnaturel, d'une part, et/ou, d'autre part, entre l'homme et des éléments de la nature.

La dimension cultuelle qui prend en compte la relation de l'homme avec son environnement (réel ou imaginé) immédiat ou lointain est fondée sur la peur et/ou l'admiration. Elle se vit, en général, à travers des cérémonials, des spectacles, des commémorations et des fêtes.

Le vécu de la dimension cultuelle ne s'arrête pas à l'église, à la mosquée, à la synagogue ou à la forêt sacrée. Il se retrouve dans les stades, les écoles, les zones de loisirs, dans les structures médicales, dans les bureaux, dans l'armée, etc. En effet, la dimension cultuelle se lit dans les uniformes et cérémonials des spectacles (festival, sport, musique et show musical, théâtre, cinéma, danse) ainsi que dans les décorations des objets, des véhicules de même que des locaux professionnels et familiaux. Chaque activité de développement est associée à un culte qui permet ainsi la sacralisation du travail, du loisir, du repos ainsi que des hommes, animaux et objets. Sur un lieu de travail, chaque tâche, chaque position et chaque rencontre met en œuvre une dimension cultuelle qui peut être visible dans l'habillement, la répartition des sièges, la distribution des rôles, le reportage, les formules de politesse, la transmission des informations, etc. on parle alors de culture d'entreprise. Il en est de même dans le déroulement des activités de développement.

Ainsi, les dimensions de développement sont porteuses de normes techniques, économiques, sociales, politiques, durables et cultuelles. Si ces dernières sont de la même rationalité, elles peuvent être hiérarchisées plus facilement. Dans le cas contraire, il serait, à la limite, dangereux de procéder à des classifications de société à travers des normes qui ne relèvent pas de la même rationalité.

On peut retenir que le développement cherche à transmettre des ***valeurs*** *physiques, intellectuelles, économiques, sociales, émotionnelles et spirituelles à l'homme. Il cherche aussi à promouvoir des* ***normes*** *techniques, économiques,* *sociales, politiques, durables et cultuelles dans l'environnement physique et social. Fondamentalement, la question de l'intégration et de l'harmonisation des valeurs individuelles et de normes de l'environnement se pose. Il y a forcément des interactions entre ces valeurs des individus et les normes de l'environnement. On ne peut pas mettre en place des infrastructures de normes technologiques élevées et demander à des individus dont les valeurs ne sont pas en phase de les gérer. Il en résultera des mauvaises gestions. Et si la difficulté de développement rural africain venait de ce manque d'harmonie ?*

En tout cas, le développement apparaît comme un état dynamique de bien-être de l'homme rassuré par l'équilibre dynamique des dimensions de son environnement (matériel et immatériel/biotique et abiotique). En attendant, il serait important de comprendre le processus de transmission puis d'installation de ces valeurs et normes à travers le processus de développement.

11.2 Le développement en tant que processus

Dans la Vallée du Fleuve Sénégal, le développement en tant que processus se confond avec la conception, l'exécution et l'évaluation d'activités (actions) qui, dans leur mise en œuvre, doivent mener au développement intégral. Une typologie a permis de les classer en trois groupes : les activités d'appui infrastructurel et organisationnel (AIO), les activités d'éducation (AdE) et les activités de production (AdP).

11.2.1 Les Activités d'appui infrastructurel et organisationnel (AIO)

Les AIO sont souvent de la responsabilité directe de l'État (mission régalienne) même s'il peut arriver à celui-ci de les confier, sous contrôle, à des privés. D'abord, les AIO comptent des actions de mise en place et d'entretien des infrastructures de développement adaptées pour une bonne réussite des activités de production (primaire, secondaire et tertiaire) et d'éducation. Ensuite, l'État dans sa structuration, fournit des services qui permettent aux activités de production (AdP) de se développer dans un cadre dénommé environnement des affaires (*Doing business*) cohérent et sécurisé auquel font partie les infrastructures et leur fonctionnement.

Aussi, les AIO comptent des actions de mise en place et de fonctionnement de structures de service public, à travers des structures d'administration générale du territoire ainsi que des services techniques, financiers, de fiscalité, de sécurité et de sûreté des populations reposant sur un arsenal juridique et un cadre organisationnel. Elles permettent aux acteurs l'accès équitable aux ressources et l'exercice dans la quiétude de leurs activités.

Chaque activité d'AIO doit prendre en compte les six dimensions du développement. Il appartient à l'État de prendre en compte ainsi toutes les dimensions (économique, technologique, durable, sociale, politique et cultuelle) du développement dans la mise en œuvre des AIO. Cela permet d'éviter une pression fiscale responsable d'une tendance baissière du taux de croissance économique ainsi qu'une mauvaise concentration des infrastructures et un mauvais aménagement du territoire. De tels déséquilibres peuvent entraîner une concentration des activités éducatives et de production dans certaines zones ainsi que des effets négatifs sur l'exploitation des ressources naturelles, l'accumulation des déchets et la structuration démographique. Ils seront ainsi à l'origine des mirages entraînant des exodes massifs, car agissant aussi sur l'acception du développement.

Dans la pratique courante, les AIO couvrent en général l'Administration territoriale et l'Aménagement du territoire.

– L'administration du territoire permet la mise en œuvre des missions dites régaliennes, à travers les services concentrés, déconcentrés et décentralisés de l'État. Elle facilite aux acteurs l'accès aux ressources matérielles, financières et humaines dont ils ont besoin pour produire et échanger. Ainsi, l'État met en place un système administratif et juridique qui facilite la mise à disposition de chaque acteur, selon ses compétences, les moyens souhaités pour la réalisation de ses activités. Il veille aussi à ce que ces activités soient celles du développement (prise en compte des six dimensions du développement). Si malgré la mise en place du système administratif et juridique, quelques acteurs (jugés faibles) ne parviennent pas à accéder à certaines ressources (financières par exemple), l'État peut inventer un mécanisme capable de les suppléer. Il peut aussi aller en partenariat avec le privé dans la prestation de certains services, en y introduisant une discrimination positive. Ainsi, dans le monde rural, l'État peut mettre en place des projets disposant de fonds pour appuyer le financement des femmes et des jeunes, même si la prestation de services financiers est une activité de production tertiaire (d'essence privée).

– L'aménagement du territoire quelle que soit l'échelle d'action, permet de réaliser des infrastructures structurantes adaptées, qui doivent être entretenues. Dans le langage courant, il est fait souvent état d'infrastructures socio-économiques. Il est préférable de les nommer infrastructures de développement pour mieux prendre en compte les six dimensions. Ces infrastructures de développement sont, entre autres, les voies et structures de communication (routes, gare routière, voies ferrées, gare, aéroport, réseau téléphonique...), les structures d'échange (marché physique ou virtuel...), les structures médico-sanitaires, les structures scolaires, les structures sportives et culturelles, les structures de purification et de transport de l'eau, les structures de production et de transport de l'énergie.

11.2.3 Les Activités d'éducation (AdE)

Les AdE sont des activités d'échanges actives ou passives dont le rôle essentiel est d'installer des compétences et de renforcer les capacités des acteurs. Elles ont pour objectif de rendre chaque personne autonome pour une participation à l'amélioration de la qualité de vie de la communauté. L'autonomie est une capacité d'observation, d'analyse, de choix, de décision et d'affirmation en tant que personne responsable et unique au monde et en acceptant, respectant et tolérant les autres personnes autonomes. L'éducation est connue sous trois formes complémentaires : l'éducation informelle, l'éducation formelle et l'éducation non formelle. Ces différentes formes d'éducation concourent au même objectif : celui de rendre la personne autonome et responsable dans son environnement.

– L'éducation informelle concerne des activités d'instruction non structurées. C'est le processus infini par lequel, chaque individu acquiert des compétences (savoir, savoir-faire et savoir-être) à travers des expériences de tous les jours ainsi que des influences et ressources éducatives dans son environnement. Cette forme permet l'acquisition, entre autres, de la langue, des valeurs et des comportements de la vie quotidienne, propres à un milieu donné.

– L'éducation formelle est le système étatique (laïc ou religieux) structuré, hiérarchique, allant graduellement et chronologiquement de l'école primaire à l'université. Elle est généralement sélective.

– L'éducation non formelle est fondée sur des activités organisées, structurées, destinées à un public spécifique visant un ensemble d'objectifs bien identifiés. Certains mouvements (scoutisme, jeunesses politiques, croix rouges, dahira, francs maçonnerie, ASC, syndicats...), et certaines ONG, certaines agences ou services d'éducation au développement (conseil agricole, appui au développement local) utilisent l'éducation non formelle pour atteindre des objectifs programmés. Par ailleurs, les concertations (État/ privé ou privé/privé) se font dans le cadre de cette forme d'éducation.

Ces différentes formes d'éducation sont interdépendantes et se complètent mutuellement par rapport à leurs insuffisances et inadaptations. Quand elles sont intégrées de façon idoine, elles permettent le développement d'une personne autonome.

Ainsi, la mise en œuvre des activités d'éducation participe au développement personnel des acteurs dans les six domaines (physique, économique, social, émotionnel, intellectuel, et spirituel). Elle est prise en charge par des structures de service public et privé. En réalité, elle débute dans le cadre familial avec les parents et l'entourage immédiat. La famille peut continuer à offrir à ses enfants, si elle a en les moyens, la possibilité de fréquenter des établissements privés d'éducation. Des cours privés peuvent se multiplier en fonction de l'offre.

Néanmoins, l'État a le devoir d'organiser, de fournir et de participer aux activités d'éducation, en définissant des programmes ainsi que des systèmes d'évaluation et de validation des curricula et diplômes. Mais l'État a en charge fondamentalement la gestion de l'éducation formelle. Les deux autres types d'éducation (non formelle et informelle) impliquent plusieurs autres acteurs. La particularité de l'éducation est que tout le monde est à la fois sujet et objet de ses activités. La conduite du développement, pour réussir son action, doit tenir compte de la particularité de l'être humain, dans ses différents domaines de développement personnel. Ainsi, les activités de l'éducation sont des investissements dont la rentabilité économique, les technologies de mise en œuvre, la durabilité, l'impact sur l'individu et la société, doivent être bien étudiés. Les activités d'éducation non formelle et informelle constituent les soupapes de sécurité de tout système de développement.

En plus, étant donné que gouverner c'est prévoir, l'administration de la recherche et de la veille stratégique font partie des AdE.

11.2.4 Les Activités de production (AdP)

Les AdP qui déterminent fondamentalement la croissance économique, sont portées presque naturellement par le secteur privé, même si l'État peut suppléer à travers des agences et des sociétés. Appelées « Activités Génératrices de Revenus (AGR) » dans le monde rural, elles appartiennent au secteur primaire (agriculture), au secteur secondaire (transformation) et au secteur tertiaire (services). Toutes ces activités suivent le même schéma.

L'homme en utilisant une rationalité (empirique ou scientifique) donnée et des outils (matériels) précis, procède à la combinaison des intrants et à la sortie des produits. Ces combinaisons constituent les techniques empirique et technologique (sciences) de production. Elles peuvent être manuelles, artisanales, industrielles ou numériques. Elles permettent d'entretenir le cycle investissement/rentabilité en fonction de leur performance.

En général, les activités de production sont classées en trois groupes dénommés secteurs primaire, secondaire et tertiaire.

- Le secteur primaire est composé d'activités d'extraction et de production directe dans le milieu naturel (eau, terre, soleil, oxygène de l'air, ressources biologiques ou génétiques). Il englobe la cueillette, la chasse, l'agriculture au sens strict, l'élevage, la pêche, la foresterie. Il concernerait aussi l'extraction minière (or, fer, cuivre, zinc, zircon, phosphate, charbon, pétrole, etc.).

- Le secteur secondaire englobe toutes les activités de transformation des produits issus du secteur primaire agricole, aquatique, forestier et minier. Il prend en compte aussi tout ce qui est synthèse et transformation de produits chimiques nouveaux. Il concerne ainsi l'alimentaire, le textile (tissage, habillement), le cosmétique, la pharmaceutique, la métallurgie, la sidérurgie, la forge, la bijouterie, la cordonnerie, la menuiserie, la manufacture, etc.

- Le secteur tertiaire compte tout ce qui n'est pas formellement inclus dans ces deux secteurs. Il s'agit de transport et logistique, commerce, communication, tourisme et hôtellerie, restauration, etc. De même les services étatiques, la défense, la santé, la scolarisation, l'énergie, l'eau et l'hydraulique sont classés dans ce secteur.

Les observations de terrain montrent qu'il y a diverses appréhensions dans la détermination et la mise en œuvre des activités de production. Ces appréhensions permettent de distinguer, pédagogiquement, deux catégories de démarches : la démarche horizontale et la démarche verticale.

La démarche horizontale consiste à assimiler le secteur primaire, le secteur secondaire et le secteur tertiaire respectivement à l'Agriculture (au sens large), à l'industrie et aux services. Bien sûr, cette assimilation pose quelques problèmes. Elle occulte le fait que l'industrie est plus une technologie qu'un secteur. La technologie est un ensemble d'arts, de sciences et techniques mis en œuvre à travers des outils, matériels et équipements adaptés. Progressivement, l'homme a inventé et mis en œuvre des technologies artisanale, industrielle, électronique et numérique. Chaque type de technologie peut concerner la production agricole, aquatique, forestière et minière, la transformation des produits agricoles et la fourniture des services. À ce titre, par exemple l'agriculture peut utiliser des technologies artisanale, industrielle, électronique ou numérique. Il en est de même pour la transformation des produits agricoles. Le transport de ces produits agricoles primaires ou finis peut nécessiter le recours à ces cinq types de technologie.

La démarche verticale consiste à combiner les activités de production. Ainsi, on peut déterminer le secteur agroalimentaire, agro-textile, agro-cosmétique, peaux et cuirs, pétrole-électricité, infrastructure-transport, bois-papier, bois-menuiserie-ébénisterie, phosphate-engrais, etc. Parfois, il est constaté des confusions entre agroalimentaire et agro-industrie qu'il faut éviter. Pourtant, dans une chaîne de valeur agroalimentaire, on peut utiliser des technologies de production artisanale, industrielle, électronique et numérique.

Pour qu'une AdP soit véritablement une action de développement, ses dimensions techniques, économiques, sociales, politiques, durables et cultuelles doivent être bien identifiées et prises en compte dans son élaboration, sa mise en œuvre et son évaluation. Il faut avouer que souvent nos programmes de développement rural ne sont ni élaborés ni mis en œuvre dans ce sens.

NB : La mise en œuvre des AdP peut se faire de manière informelle ou de manière formelle (sociétés de capitaux ou de personnes) et transparente.

En tant que processus, le développement peut être considéré comme la mise en œuvre d'activités par les acteurs humains en puisant sur les ressources disponibles pour aider à l'atteinte des résultats sur l'homme et son environnement. Plus haut on avait conclu qu'en tant que résultat, le développement impacte, d'une part, sur les valeurs physiques, intellectuelles, économiques, sociales, émotionnelles et spirituelles de l'homme et, d'autre part, sur les normes techniques, économiques, sociales, politiques, durables et cultuelles dans l'environnement physique et social.

En définitive, nous pouvons retenir que le développe-ment est à la fois ***un processus*** *de mise en œuvre d'activités par les acteurs humains, en puisant dans les ressources disponibles et un* ***ensemble de résultats*** *sur l'homme et son environnement. À travers ce paradigme, le développement* *peut être analysé en termes de système (résultats dynamiques sur l'homme et son environnement) comme en termes d'approche (processus de mise en œuvre des activités).*

CHAPITRE 12

SYSTÈMES ET APPROCHES DE DÉVELOPPEMENT

L'approfondissement du paradigme du développement en tant que résultat et processus, montre qu'il y a plusieurs résultats à atteindre et plusieurs manières de le conduire. Une typologie des résultats possibles détermine les systèmes de développement alors que celle des processus correspond aux approches.

12.1. Les systèmes de développement

À un moment de l'histoire surtout celle de l'occident, on a observé un développement expansif du système d'amélioration de la qualité de vie, dominé par la conquête, l'appropriation, le contrôle et la mainmise sur tous les éléments de l'environnement. Ces derniers, constitués par les ressources naturelles, vont être transformés rapidement en capital privé. Ainsi, l'homme a pu explorer l'espace et la matière, maîtriser certaines énergies, influencer la santé et la génétique, etc. Mais aussi, il a développé la violence, les guerres, le réchauffement planétaire, etc. dans la lutte pour la privatisation de ces ressources naturelles à capitaliser. Pour faciliter l'échange de ce capital, l'homme lui trouve un équivalent monétaire dont l'accumulation par certains en fera des ressources dites financières. Cette période, dominée par l'accumulation du capital naturel et financier, a favorisé l'expansion des dimensions économique et technologique du développement. Ce processus d'accumulation du capital va être décrit et caractérisé successivement par les mercantilistes, les physiocrates et leurs successeurs.

Elle aurait plus ou moins réduit en silence une autre qui est caractérisée par la tentative de maîtriser son intérieur ainsi que ses relations, tout en prenant en compte l'imaginaire et sa crainte devant l'infiniment grand de la nature. La maîtrise de l'intérieur s'appuie sur la ressource humaine en tant que force morale interne et tente de faire plus ou moins abstraction des capitaux naturels et financiers qui sont relégués au second plan.

On assiste à l'accaparement de toutes les places ou presque, entraînant ainsi l'impérialisme économique et technologique. Ainsi, le développement caractérisé par cet impérialisme économique et technologique, est fondamentalement caractérisé par l'accumulation du capital naturel qui, au cours de l'histoire, va être valorisé en propriété domestiquée, avant d'être transformée puis étalonnée (monnaie). Ce système d'impérialisme économique et technologique, favorisé par l'accumulation du capital monétaire, s'est répandu ainsi comme une dominante et s'est confondu avec le développement désormais à uniformiser. Le capital « monnaie » va déterminer les orientations des systèmes de développement.

Ainsi, en fonction du capital et du niveau d'intégration des dimensions de développement, trois grands systèmes de développement peuvent être déterminés au cours de l'histoire : le système précapitaliste, le système capitaliste, le système néo-capitaliste.

12.1.1. Le système de développement précapitaliste

Le système de développement précapitaliste est le premier expérimenté par l'homme. En effet, l'homme est au seuil de sa vie. Il ne produit ni n'accumule. Les ressources sont abondantes. Néanmoins, l'homme fabriqua ses premiers outils pour optimiser ses activités de chasse et de cueillette, en taillant des pierres. Les pierres taillées puis polies consacrent la naissance de la dimension technique et technologique du développement. Ainsi, il arrive à découvrir et domestiquer le feu et à construire des outils de chasse, de cueillette et de protection de plus en plus efficaces. Les intempéries naturelles et les aléas des opérations de chasse et de la cueillette font que l'homme renforçant le développement de la dimension technologique, parvient à puiser, conserver, domestiquer, capitaliser puis fructifier et valoriser certains éléments (animaux et minéraux) de la nature après les avoir bien observés. En même temps, il invente le culte et la religion pour faire face à la crainte des événements non encore compris et maîtrisés (naissance de la dimension cultuelle). Pour renforcer son bonheur et pour mieux utiliser le temps mis à sa disposition par la disponibilité des récoltes et des produits d'élevage, il organise sa société (naissance des dimensions sociale et politique). La population, dont la majorité est à entretenir du fait de l'organisation sociale adoptée, augmente. Cette augmentation favorise la culture de l'accaparement à travers l'amélioration des processus de production. Elle entraîne le glissement vers le système capitaliste.

12.1.2. Le système de développement capitaliste

Le système de développement capitaliste est caractérisé par une prise en compte fulgurante de la facilitation de l'accumulation du capital, par sa monétisation grâce aux progrès technologiques. C'est la course à l'accaparement, la fructification et l'accumulation du capital. Ce dernier a d'abord été le capital naturel (terre, eau, végétaux et animaux). Puis les minerais ont servi de capital étalonné. Enfin, le capital a été monétisé (fiduciaire, scripturale, électronique).

Le système capitaliste s'est manifesté d'abord dans les zones caractérisées par la rareté des ressources naturelles. L'accumulation de ces ressources par quelques individus grâce à plusieurs facteurs, dont sûrement la compétence, va entraîner la mise en place d'oligarchies telles que le féodalisme. Les féodaux feront de l'accumulation du capital (terre agricole, animaux domestiques, zone d'habitation, force de travail : esclaves, enfants,) leur chasse gardée.

L'accumulation faite par les féodaux a permis de dégager du temps pour se consacrer au développement des autres dimensions et renforcer l'autonomie de la personne. L'homme cherche à améliorer son mode de vie et investit une partie de ce capital dans la recherche et explore mieux toutes les dimensions du développement. Les pensées et religions se structurent mieux ; de nouveaux types d'organisations sociopolitiques naissent. Ce sont surtout les oligarchies (royaume et empire) qui sont mises en place grâce à la complicité de la religion (dimension cultuelle). Les technologies (art, sciences et techniques) fleurissent et font naître des technologies artisanale, industrielle, électronique et numérique.

La naissance et le développement de la technologie industrielle, constituent un tournant exceptionnel dans l'évolution du système capitaliste. Les théories économiques (mercantilisme, physiocratie, classique, néoclassique, développementaliste par modernisation, etc.) naissent et encouragent le développement technologique. La fructification du capital monétaire atteint des vitesses insoupçonnées. Ainsi, un petit nombre d'individus vont accumuler le maximum de capital. C'est ainsi que le système capitaliste est symbolisé par le capitalisme avec des variantes qui vont du libéralisme social au libéralisme sauvage. Le capitalisme s'appuie, ainsi, sur l'impérialisme de l'économie et de la technologie sur les autres dimensions de développement. Il prône alors la liberté de chacun de posséder et de démultiplier son capital.

Remarque : *Il serait illusoire de penser que le système capitaliste est un fait occidental uniquement. En effet, même dans l'Afrique traditionnelle, le développement du système capitaliste (peut-être pas de sa variante capitalisme) à travers le féodalisme avait atteint un niveau difficilement* *négligeable dans les sociétés pastorales ou agricoles (à l'exception des sociétés forestières où les ressources sont abondantes). Cependant, l'absence de technologie industrielle et de la modernité ainsi que les pratiques sociales (solidarité et partage) et cultuelles (cérémonial, religion...) avaient favorisé un nivellement apparent de la société. Le développement des dimensions sociale et politique avait rendu moins visibles les différences sociales, tout en l'adaptant et l'intégrant au développement des autres dimensions (économique, technologique et cultuelle). En Europe, le système capitaliste s'est surtout appuyé sur la technologie industrielle et l'accumulation économique pour mettre en œuvre la modernisation qui va se confondre avec le modèle de développement le plus répandu. En effet, le propre de la technologie industrielle est de différencier la société en une classe de capitalistes minoritaire et une classe d'ouvriers, majoritaire. Elle est lourde, coûte chère et a besoin de main-d'œuvre importante.*

Dans sa force de domination de la nature, le capitalisme entraîna des excès dans l'exploitation de l'homme par l'homme (pour l'accumulation du capital) et conduisit, par des rapports de force physique et mentale, à l'esclavage, à l'impérialisme, au fascisme, au nazisme et à l'apartheid. La dimension sociale du développement fût mise à rude épreuve par les méfaits du capitalisme. Alors certaines voix se sont fait entendre pour s'opposer à la capitalisation sauvage. Elles vont théoriser à l'intérieur du système de développement capitaliste une variante, l'anticapitalisme, à travers des sous-variantes telles que le socialisme et le communisme. Ces deux sous-variantes théorisent la lutte contre l'accumulation individuelle (et non collective) du capital pour son partage plus ou moins égal par les membres de la communauté. Pour eux, il vaut mieux valoriser le travail que l'accumulation du capital. Pourtant cette opposition, capital et travail, ne devrait être excessive. La fructification du capital passe bien par le travail.

Des théories économiques (marxiste, dépendances, développementaliste endogène, autocentrée, etc.) naissent et s'opposent aux anciennes classiques, néoclassiques et de modernisation. Ainsi, cette variante, l'anticapitalisme a semblé plus chercher à opposer qu'à mieux intégrer le capital et le travail. Les théoriciens se sont trop appesantis sur la dimension sociale.

Cette opposition dans le système capitaliste entre le capitalisme, d'une part, et l'anticapitalisme (communisme), d'autre part, a régi le monde pendant longtemps, entraînant ce qu'on a appelé la Guerre froide. Mais plus fondamentalement, cette opposition a régi les théories du développement.

Les théories économique libérales (mercantiliste, physiocrates, classique et néoclassique) **et de développement néolibéral** (décollage, dualisme, ajustement, émergence), d'une part, et **les théories marxistes et de développement néo-marxistes** (structuralisme, dépendance latino-américaine, dépendance africaine), d'autre part, constituent **les deux faces de la même médaille.** Ce sont toutes des théories du système capitaliste. Elles se disputent la légitimité dans un même et unique système. Leur complémentarité dans le système capitaliste a permis d'attirer l'attention sur les dérives de celui-ci et d'apporter progressivement des mesures rectificatives. Mais ces mesures ont aussi montré leurs limites.

Et pour cause, les théories (néolibérales et néo-marxistes) du système de développement capitaliste ont eu fondamentalement pour objet l'environnement social (dimensions économique, sociale et politique) de l'homme, avec comme pilier de base la dimension technologique. L'homme et son environnement physique (ressources naturelles) n'ont pas été considérés comme objet de développement. L'homme a été considéré comme facteur et comme bénéficiaire du développement alors que les ressources naturelles ont été traitées plus comme moyens de développement. Ainsi pour ces théories, l'homme doit produire intensément et immensément (ordre des choses) et accumuler pour les néo-libéraux (ordre des individus) ou partager pour les néo-marxistes (ordre des peuples).

Cette option, tout en favorisant l'expansion mondiale et tentaculaire du capitalisme, va révéler au grand jour les tares et contradictions des théories du système capitaliste. Ce que les économistes pourraient appeler « externalité négative du capitalisme » a vu le jour. En effet, le spectre de l'épuisement des ressources naturelles, du réchauffement planétaire et des changements climatiques, d'une part, ainsi que de la perdition de l'homme (guerres civiles, terrorisme, corruption, SIDA et pauvreté), d'autre part, va mettre en exergue la nécessité d'approfondir ou de réorienter le développement capitaliste. Ce spectre conduit ainsi à la nécessité de conduire à la révision de quelques paradigmes du développement. Ainsi, le développement capitaliste veut tendre progressivement vers un système néo-capitaliste du développement dont les prémices sont actuellement observables.

12.1.3. Le système de développement néo-capitaliste

Les théories de développement néo-capitalistes cherchent à identifier clairement deux objets du développement : l'homme et son environnement physique et social.

Ainsi, on remarque que ces théories tentent d'intégrer une dimension durable aux cinq autres dimensions (cultuelle, économique, sociale, politique et technologique) de l'environnement de l'homme. Cette intégration permettra de repenser ces différentes dimensions mais ne les remet pas en cause. Il ne s'agit pas de faire jouer un leadership mais de voir comment intégrer toutes ces dimensions. Il faut développer en intégrant harmonieusement les six dimensions. Pour le moment, cette intégration se fait partiellement et sélectivement, selon les préoccupations des organismes internationaux chargés du développement. Ces types d'intégration ont entraîné la naissance des concepts : environnement et développement, genre et développement, pauvreté et développement, éthique et développement, paix et développement, etc.

En effet, en intégrant dimension durable et dimension économique, on a mis en place de nouvelles théories (économie de l'environnement : notion du pollueur-payeur). L'économie de l'environnement se traduit à travers la dimension technologique, par les notions de technologies propres, de produits biologiques, de culture biologique et écologique, de traçabilité, d'éthique dans la biotechnologie, de conservation de la biodiversité, etc. Toutes ces théories et notions consacrent le couple ***Environnement et Développement.*** Mieux, depuis 1992, le concept de **développement durable** est théorisé. Il constitue l'un des **deux jalons du système de développement néo-capitaliste.**

L'autre **jalon du système néo-capitaliste est la notion de développement humain**. Elle a été conceptualisée à partir des tentatives d'intégration des dimensions sociale et politique à la dimension économique. Ces tentatives ont donné naissance aux notions de fracture sociale, de partage du fruit de la croissance, de discrimination positive, de lutte contre la pauvreté, de solidarité, de bonne gouvernance, de gouvernance locale, des droits de l'homme, de la transparence, etc. Toutes ces notions vont consacrer les couples ***Femme et développement***, ***Éducation et développement, Santé et développement, Genre et développement***, etc.

La validation simultanée des concepts de développement durable et de développement humain par le même système des Nations unies est révélatrice d'un accouchement difficile du système de développement néo-capitaliste. En effet, les théories néolibérales ainsi que les théories néo-marxistes ne voudront s'avouer que peu opérant dans le nouveau système à construire. Sauf que leur prégnance dans les stratégies de développement (mondialisation, OMD, NEPAD) ne permettra pas d'obtenir les optimums de développement de l'homme et de son environnement. La transition entre les systèmes capitaliste et néo-capitaliste prendra certainement un temps historique important malgré la volonté des acteurs.

En plus, la coexistence simultanée des deux concepts (développement durable et développement humain) dans le seul système des Nations unies montre une difficulté d'appréhension consensuelle de la notion de développement. Mais surtout, aucune de ces deux notions actuellement acceptées ne parvient à saisir totalement le concept de développement. Ainsi, l'IDH semble incomplet pour saisir et mesurer le développement. Elle mesure la croissance économique, l'accès à l'école ou à la salle d'alphabétisation et à la santé ; elle occulte certaines composantes de la dimension sociale (accès à l'eau potable, à l'énergie électrique des ménages) ainsi que les dimensions technologique, durable, politique et cultuelle. Bien sûr, il existe des actions qui prennent en compte beaucoup de ces domaines occultés à travers des projets de bonne gouvernance et de citoyenneté (dimension politique), d'adaptation aux changements climatiques (dimension durable), d'accès à l'eau potable et d'électrification rurale (sociale), etc.

Par ailleurs, cet indice (IDH) ne prend pas en compte les domaines de développement (physique, intellectuel, émotionnel, spirituel, social et économique) de l'homme. Il ne cherche pas à connaître leur qualité. Il se préoccupe au plus du niveau d'accès et du temps passé dans les structures éducatives. Cet accès et ce temps ne reflètent pas toujours les qualités (physique, intellectuelle, émotionnelle, spirituelle, sociale et économique) de l'homme. Plus fondamentalement, aucune corrélation ou intégration n'est faite entre la qualité des domaines de développement de l'homme et les dimensions de développement de l'environnement. À travers ces trois systèmes (précapitaliste, capitaliste et néo-capitaliste) apparaît la complexité de la notion de développement.

12.1.4. Essai de caractérisation du système de développement

Le développement apparaît difficile à cerner mais il peut être constaté à travers les évolutions, une intégration, d'une part, des six dimensions (économique, sociale, politique, durable, cultuelle et technologique) de l'environnement et, d'autre part, des six domaines (physique, intellectuel, émotionnel, spirituel, social et économique) de l'homme.

En image, si le développement était une étoile, ces dimensions pourraient respectivement occuper ses six branches constitutives (figure 2).

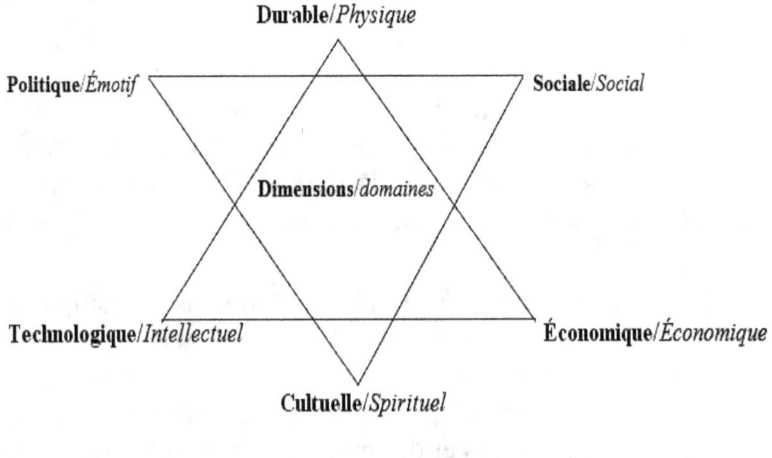

Figure 2 : Intégration des dimensions et domaines du développement

Pour que cette étoile soit belle, il faudrait que le scintillement de ses six branches soit harmonieux. Ainsi, tout système de développement qui favorise certaines dimensions pour en négliger d'autres, construit en même temps les conditions à l'étalement de ses propres contradictions. Il favorise ainsi les contradicteurs du processus et des résultats. La façon de prendre en compte ou d'intégrer ces dimensions détermine les systèmes de développement. À partir de ce constat, on peut penser qu'il y a eu plusieurs variantes de développement dans chaque système.

Le système de développement en tant que résultat sur l'homme et sur son environnement, est déterminé, d'une part, par les poids de chacun des six domaines dans le système de valeurs d'une société et, d'autre part, par la place de chacune des six dimensions dans le système de normes de la communauté. Fondamentalement, la corrélation et l'intégration des domaines (valeurs) et des dimensions (normes) sont déterminantes pour un développement harmonieux. À ce titre, plusieurs systèmes de développement peuvent être identifiés en fonction de la prédominance d'un domaine (valeur) et/ou d'une dimension (norme).

Ainsi, pour conduire le développement, il faut bien identifier et comprendre les rapports de prédominance dans le système en question, pour mieux adapter son projet. Il ne s'agit pas de mettre en place un système de développement anticapitaliste (*la capitalisation est un acquis du développement de l'homme et constitue ainsi un des moteurs du développement dans toutes les sociétés humaines*) mais d'améliorer la qualité de vie à travers le capital, sans asservir l'homme et sans détruire les ressources. L'intégration des grands thèmes tels que la paix et la sécurité, les rapports de genre, la participation, la transparence, la bonne gouvernance, le dialogue interreligieux et l'environnement (biodiversité, réchauffement planétaire, biotechnologie, déchets, énergie, eau, catastrophe naturelle ou industrielle) qui préoccupent dans le système de développement, ne veut nullement dire réduire à néant les dimensions économique et technique. Ainsi, le défi du système de développement néo-capitaliste réside dans la capacité d'inventer des économies réductrices de pauvreté et des technologies propres. Ces nouvelles économies et technologies devront s'adapter et s'intégrer aux dimensions sociale, durable, politique et cultuelle qu'elles ignoraient fortement.

En définitive, au-delà de la prédominance de la piste favorisant la conquête, l'appropriation, le contrôle et la mainmise sur tous les éléments qui l'entourent, le développement peut se faire à travers plusieurs systèmes en fonction des manières d'intégrer les différentes dimensions.

Par ailleurs, la réussite du développement néo-capitaliste serait liée à une capitalisation de la connaissance et à une maîtrise de l'information stratégique. Cette maîtrise nécessite un investissement judicieux dans la veille stratégique, l'économie du savoir et la gestion des risques (socio-économique, culturel, sanitaire et alimentaire, technologique, climatique, etc.). En effet, en plus du capital et du travail, l'intelligence économique devrait constituer à coup sûr un nouveau pilier du développement néo-capitaliste. Les contenus technologiques restent aussi déterminants dans le développement néo-capitaliste. En effet, à y regarder de près, cette notion d'intelligence économique revient à un développement plus adapté de la dimension technologique, intégrant plus harmonieusement les autres dimensions. Chaque communauté devrait investir pour disposer de technologies propres et adaptées, car la nouveauté dans l'intelligence économique c'est la veille technologique permettant une anticipation à investir des domaines technologiques non encore explorés. Mais, la capitalisation des connaissances et la maîtrise de l'information stratégique relèvent plus de stratégies de développement que de théories qui sont déterminées par les approches de développement. Ces dernières sont déterminées par la combinaison des activités de développement.

12.2. Les approches de développement

Les approches du développement peuvent être diverses et variées. En effet, elles dérivent de multiples façons de combiner la mise en œuvre des trois types d'activités (AOI, AdE et AdP). Ces possibilités de combinaison permettent de distinguer, pédagogiquement, trois catégories d'approches : l'approche sectorielle, l'approche intégrée et l'approche systémique.

12.2.1. L'approche sectorielle

L'approche sectorielle consiste à mettre en œuvre les trois types d'activités (AOI, AdE et AdP) de manière saucissonnée. Dans cette approche, la conduite du développement distingue les secteurs économique (agriculture, élevage, pêche, manufactures, industries, etc.), social (santé, éducation, eau potable, énergie, etc.), politique (bonne gouvernance, transparence, citoyenneté) et environnemental (conservation des ressources naturelles et lutte contre la pollution). Ainsi, les programmes et projets de développement se concentrent sur certaines dimensions des secteurs en oubliant que chaque secteur est concerné par les trois types d'activités (AOI, AdE et AdP). Nous pouvons distinguer deux sous-approches : l'approche sectorielle horizontale et l'approche sectorielle verticale.

L'approche sectorielle horizontale, en plus de séparer les trois types d'activités, met en œuvre la démarche horizontale consistant à assimiler le secteur primaire, le secteur secondaire et le secteur tertiaire respectivement à l'agriculture (au sens large), à l'industrie et aux services (voir plus haut les activités de développement). Dans le secteur primaire, l'approche sectorielle horizontale peut s'approfondir jusqu'à des niveaux sous-sectoriels, au troisième ou quatrième degré (spéculations). Ainsi, au

Sénégal dans les années 2000, ont été mis en place des programmes spéciaux (maïs, manioc, sésame, bissap, etc.). Ces programmes étaient concentrés sur la distribution d'intrants et de matériels de production, ignorant royalement l'éducation agricole et les normes de gestion de l'exploitation de production agricole[57].

L'approche sectorielle verticale, au-delà de la séparation des trois types d'activités (AOI, AdE et AdP), met en œuvre la démarche verticale intégrant les activités de mise en valeur d'un seul produit. Dans le secteur primaire, l'approche sectorielle verticale se rétrécit jusqu'au niveau d'une spéculation. On parle alors de filière ou de chaîne de valeurs. Souvent, dans ces chaînes de valeurs, la dimension économique est, à la limite, la seule considérée.

La détermination de ces approches sous-sectorielles, horizontale (spéculation : riz, arachide, etc.) ou verticale (chaîne de valeurs) dans les stratégies de développement agricole, est présente aussi bien dans les pays occidentaux qu'en Afrique. Mais ces approches marchent dans les pays occidentaux (Suisse et France par exemple) car ils ont déjà une intégration solidement construite entre les trois types d'activités (AOI, AdE et AdP) ; ce qui n'est pas le cas en Afrique. Aujourd'hui, si la France ou la Suisse voulait atteindre un niveau de production d'une spéculation donnée, son système lui permet de faire une projection dans le temps et dans l'espace mais surtout d'atteindre ces résultats sans que l'État ne soit obligé d'acheter des intrants et des équipements agricoles. Des mesures incitatives d'AOI (appui institutionnel et subventions) et AdE (conseil agricole) seront largement suffisantes. Ces mesures responsabilisent les producteurs et leur permettent de

[57] NDIAYE, Amadou, (2013, novembre). *L'agriculture sénégalaise de 1958 à 2012 : analyse systémique et prospective*. Paris : L'Harmattan, Collection : Études Africaines.

choisir les intrants nécessaires à la performance de leurs activités de production.

Le développement de l'agriculture africaine souffre du manque criard, pour ne pas dire de l'absence, d'intégration des AOI, AdE et AdP dans les stratégies de développement. Ces dernières se basent sur les milliards à investir, mais si nous voulons développer notre agriculture, l'approche intégrée serait fondamentale.

NB 1 : Ces approches sectorielles de développement laissent prospérer des structures de production de type informelle dans le secteur primaire et secondaire. Elles permettent l'expansion des structures de même type dans le secteur tertiaire.

12.2.2. L'approche intégrée

L'approche intégrée consiste à combiner et intégrer les appuis organisationnels et infrastructurels (AOI), les activités d'éducation (AdE) et les activités de production (AdP). La combinaison et l'intégration des activités pourraient se faire de sorte que les AOI et les AdE constituent la base des AdP pour assurer un développement harmonieux. Ainsi, la combinaison de ces types d'activités peut être représentée par un triangle dont les deux sommets de la base représentent les AOI et l'AdE. Les AdP sont placées au niveau du troisième sommet du triangle (figure 3).

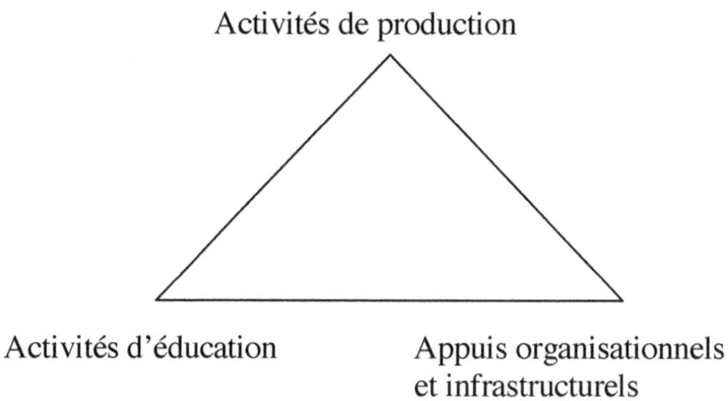

Figure 3 : Intégration des activités de développement

Cependant, chaque sommet (type d'activités) garde son importance pour l'équilibre du système, même si en fonction des coordonnées de chaque point, plusieurs types de triangles (équilatéral, isocèle, rectangle, quelconque) peuvent être obtenus. Ainsi, une première typologie permettrait de distinguer une multitude de sous-approches intégrées allant de celle qui favorise la programmation et la mise en œuvre de projets de développement dominés par un seul type d'activité (AdE, AOI ou AdP) à celle qui prône une intégration équilibrée des trois types d'activités.

NB 2 : L'intégration des trois types d'activités permet une rapide formation des structures de production notamment dans le secteur agricole. Elle assure la transparence et l'atteinte des cibles notamment en matière de fiscalité, de bonification de crédit et de subvention agricole.

Par ailleurs, une approche intégrée de développement peut être sectorielle avec plusieurs composantes. Ainsi, une approche intégrée agricole a permis à plusieurs pays de développer leur agriculture. Une approche intégrée agricole consiste à considérer les AdE et les AOI comme des intrants des AdP agricoles. L'État met alors en place un système d'éducation agricole pour former professionnellement à la base tous les corps de métiers agricoles (producteurs) et para agricoles (chercheurs, formateurs, conseillers, administrateurs, etc.). S'y ajoute un système d'appui permettant la mise en place et la consolidation des véritables structures de production responsables de l'approvisionnement, de la production et de la commercialisation. Dans ce cas, la création des filières et curricula de formation agricole répond à un impératif de besoins dûment identifiés. Il ne saurait être question d'assister à un quelconque laissez-faire dans le système éducatif agricole. Il en sera de même sur le plan des appuis et subventions agricoles. Chaque infrastructure (piste de production, forage pastoral, etc.) répond à un besoin dont les satisfactions entraînent des résultats, effets et impacts dûment évalués. Chaque subvention agricole est bien orientée vers une structure de production méritante, pour l'aider à se développer. Les infrastructures et équipements de production ainsi que les combinaisons de production sont du ressort exclusif des exploitations de production. Les subventions et appuis doivent les aider à acquérir des facteurs de production de manière responsable en fonction de besoins réels mais pas à acheter du matériel et à le mettre à leur disposition. La valeur de la subvention ne se mesure pas en termes de milliards consentis mais en termes d'efficacité pour le développement des exploitations de production.

De la même manière qu'avec le secteur agricole, l'État peut faire un choix d'approche sectorielle pour le tourisme, le textile, la cordonnerie, la métallurgie, la santé, le transport, l'agroalimentaire, etc.

L'approche sectorielle intégrée a des piliers : l'éducation de base, les infrastructures de base et les institutions de base. L'éducation de base concerne tous les enfants d'une nation : au moins pour construire une nation, 10 années d'éducation seraient obligatoires. Après cette éducation de base, commence l'éducation professionnelle qui peut être comprise entre le niveau bac technique au niveau bac plus 8 ans (doctorat).

Les infrastructures de base et les institutions (structure) permettent l'aménagement primaire du terroir et l'organisation de l'État pour une meilleure administration territoriale (à travers les trois pouvoirs : exécutif, législatif, judiciaire) et une réussite de l'éducation de base. En fonction, ensuite, des potentialités et spécialités des zones, des infrastructures spécifiques sont mises au service des approches intégrées sectorielles. Mais, d'autres structures de gouvernance institutionnelle (conseil économique et social, sénat, syndicat, organisation patronale, ONEL, CENTIF, etc.) peuvent aussi compléter les institutions de base.

L'approche intégrée n'a de sens que si elle permet de combiner harmonieusement ces trois types (AOI, AdE et AdP). À ce titre, l'éducation ne peut être considérée comme un simple secteur social. Elle constitue un pilier fondamental de l'approche intégrée pour la mise en place et la gestion optimum des composantes du secteur social (accès à l'eau potable, à l'assainissement, à la santé, à l'énergie, etc.). Mais, l'approche intégrée peut devenir l'approche systémique.

12.2.3. L'approche systémique

L'approche intégrée peut prendre en compte les domaines et dimensions du développement de l'homme (à travers les AdE) et de son environnement physique et social (à travers les AOI). Elle devient alors systémique. L'approche systémique peut être de deux types :

- l'approche systémique axée sur les résultats : il s'agit de prendre en compte les résultats des actions de développement. Ainsi, pour chaque programme de développement, il faut bien prévoir les effets et impacts sur toutes les dimensions de l'environnement physique et social, mais aussi sur les domaines de développement de l'homme. Il s'agit de bien identifier, comprendre et mesurer les dimensions et les domaines de développement. Aujourd'hui, les études d'impacts environnemental et social tentent, dans la mesure du possible, de mettre en œuvre cette approche systémique, même si elles s'avèrent encore insuffisantes. En effet, l'évaluation des projets se focalise souvent sur les résultats des actions en termes d'activités et de réalisation physique, financière. En d'autres termes, l'évaluation se préoccupe plus des indicateurs de réalisations. Les indicateurs d'effets et d'impacts ne sont pas toujours systémiques dans les projets de développement ;

- l'approche systémique est axée sur le processus : il s'agit de prendre en compte toutes les dimensions de développement, dans la mise en œuvre de chaque activité. En effet, le fonctionnement de chaque type d'activités de développement (AOI, AdE et AdP) se fait dans l'environnement de l'homme. En ce sens, ce fonctionnement traverse toutes les dimensions (technique, économique, sociale, politique, durable et cultuelle). Par exemple, dans un établissement d'éducation, les méthodes pédagogiques, la gestion budgétaire, la distribution ou non des fournitures, la gestion des mouvements syndicaux, la gestion des déchets et enfin la détermination des uniformes et support de cours, font partie respectivement des dimensions technique, économique, sociale, politique, durable et cultuelle de l'activité éducative. Il en est de même dans l'activité de mise en œuvre d'infrastructure routière, par exemple pour les techniques de goudronnage, la gestion des coûts, le recrutement et la gestion du personnel, l'organigramme de la société, le compactage de la route et enfin les uniformes et jours de travail. Dans cette logique, l'exploitation ou l'entreprise agricole se développera, si elle intègre la rentabilité économique, le progrès technologique, la durabilité des ressources, la bonne gouvernance, l'organisation de relations ainsi que le culte du professionnalisme et de la réussite. Il en sera de même pour l'entreprise de transformation ou pour toute autre entreprise dans la prise en compte des six dimensions. Seulement à chaque type d'entreprise correspondront des aspects ou niveaux différents de prise en compte de ces dimensions. Deux exploitations agricoles auront des niveaux différents de prise en compte des six dimensions. En effet, le niveau de prise en compte de chaque dimension dépendra de l'étape atteinte dans le processus de développement, ainsi que des résultats obtenus par chaque entreprise. Cependant, la non-prise en compte d'une dimension révélera dans le temps et/ou dans l'espace la contradiction responsable d'un déclin plus ou moins annoncé.

Cet exercice peut être fait pour chaque type d'activité de production (primaire, secondaire et tertiaire). Il s'agit en réalité de bien cerner la culture d'entreprise de l'équipe réalisatrice du projet. Il existe une difficulté à mettre en œuvre cette approche axée sur le processus dans les programmes de développement même si dans les entreprises à but lucratif, les gestionnaires prennent inconsciemment ou non en compte plusieurs dimensions. Pour les projets de développement, ce sont surtout les réalisations et leurs résultats qui sont suivis et évalués. La gestion de l'équipe du projet est souvent ignorée lors des missions d'évaluation à mi-parcours. L'observation de terrain montre que beaucoup de projets de développement souffrent de mauvaise culture d'entreprise. Des cultures de non-transparence (dimension politique), d'accaparement de ressources financières (dimension économique), de gestion clanique (dimension sociale) entraînant des frustrations des retards de réalisation et des confections de statistiques erronées. Pendant ce temps, les « évaluateurs » se focalisent sur les indicateurs de réalisations physiques et surtout financières, ne se rendant pas compte que leurs visites de terrain sont téléguidées. Il n'est pas à exclure que certains d'entre eux soient de véritables complices du gestionnaire du projet. Ils oublient qu'avant les réalisations physiques qu'on leur montre, l'équipe du projet est elle-même dans un processus de développement qui doit être évalué à sa juste valeur.

Pour revenir à nos deux types d'approches systémiques (verticale et horizontale), le lecteur aura compris ainsi que l'une n'exclut pas l'autre. En effet, les deux approches systémiques peuvent se mettre en œuvre simultanément.

Cette typologie des approches (sectorielle, intégrée et systémique) de développement a un but pédagogique. En réalité, les trois types d'approches peuvent se combiner différemment. Plus fondamentalement, les approches sectorielle et intégrée devraient être complétées chacune par deux axes de l'approche systémique. Ainsi, on peut avoir au moins quatre autres approches :

- une approche sectorielle horizontale systémique,
- une approche sectorielle verticale systémique,
- une approche intégrée horizontale systémique,
- une approche intégrée verticale systémique.

On peut même avoir plusieurs autres variantes de ces approches, si on considère les deux axes (résultat et processus) de l'approche systémique. Ainsi, aucune approche n'est bonne ou mauvaise dans l'absolu. Mieux, aucune de ces approches ne se retrouve seule sur le terrain ; il existe toujours des approches parallèles qui se mènent en même temps. Le choix d'une approche devrait dépendre des caractéristiques et difficultés de sa mise en œuvre ainsi que de la phase de développement du pays.

Pour construire un pays et jeter les fondamentaux de son développement, l'approche intégrée devrait être la dominante pour une meilleure coordination des actions. Les approches sectorielles constituent plus des mirages si l'intégration des AIO, AdE et AdP n'en constitue la base, même si leur choix peut s'avérer utile par moment. En effet, il ne suffit pas de mettre en place des infrastructures (routes, aéroports, hôtels, etc.) ultramodernes, en oubliant de moderniser les structures organisationnelles et institutionnelles en charge de leur gestion, si celles-ci sont sans connexion avec les activités de productions et d'éducation en cours dans le pays. De même, les activités éducatives isolées des autres (AOI et AdP) ne constituent, elles seules, aucunement les bases du développement. Tous les types d'activités doivent être mis en place, en interaction harmonieuse. Les cohortes de chômeurs diplômés sont souvent dues à des activités éducatives déconnectées des AOI et AdP. La question de l'adaptation des solutions (formation-emploi ; STEM[58]) se pose fondamentalement dans les pays en développement. Généralement, ce sont plus des théories sans véritable connexion avec une réalité qui désarticule les AOI, les AdE et AdP. Le même phénomène est observé dans les activités de production. Ainsi, on peut mettre en œuvre des activités de production et accélérer la croissance économique sans se développer. Si on ne retrouve pas la connexion entre ces AdP et les autres (AdP et AOI), on aura surtout des taux de production et de croissance erratiques qui ne mèneront pas à un développement, ni d'ailleurs à une émergence. En d'autres termes, les théories actuelles en vigueur dans la société européenne ne peuvent s'appliquer dans la société africaine. Le système européen intègre déjà les AOI, AdE et AdP alors que ce n'est pas le cas pour l'Afrique. Les sociétés civile et politique africaines doivent éviter d'être les réceptacles de concepts bien construits en Occident mais qui ne peuvent être d'aucune utilité pour le développement du continent. Il doit en être de même pour les chercheurs africains qu'on engage dans des sujets et problématiques de recherche qui font partie des éléments stratégies de l'expansion occidentale. Beaucoup de ces problématiques qui peuvent certes être intéressantes scientifiquement pour nos chercheurs ne concernent pas fondamentalement le développement de l'Afrique. Mais pour que nos chercheurs ne soient pas de simples réceptacles et ouvriers des stratégies européennes, il faudrait que l'Afrique finance sa

[58] Le Sénégal sans sa réforme de l'enseignement supérieur propose l'orientation vers les Sciences et la technologie, les sciences de l'ingénieur et les mathématiques (STEMS).

propre recherche. Sinon, les chercheurs n'auront pas le choix ; ils seront utilisés par les bailleurs.

Par ailleurs, l'intégration de la dimension systémique est essentielle, que l'on soit dans l'approche sectorielle ou dans l'approche intégrée. À ce titre, il faut veiller à ce que les valeurs (physique, intellectuelle, sociale, économique, spirituelle et émotionnelle) des citoyens correspondent aux normes (technologique, économique, sociale, cultuelle, durable, politique) de leurs environnement physique et social. En effet, la non-correspondance des valeurs et normes sont à l'origine de nombreux échecs des programmes de développement sur le terrain.

Si on met en place des routes avec des normes technologiques ultramodernes sans que les valeurs des usagers n'y correspondent, alors on finit par mettre des ralentisseurs (dos d'âne) partout. Les usagers (conducteurs, passagers et piétons) qui ne portent pas les valeurs intellectuelles, sociales, spirituelles et émotionnelles pour respecter le Code de la route vont multiplier les accidents. La solution des dos d'âne remet en cause toutes les normes technologiques de l'infrastructure en question. Pour les activités de production, on transfère des technologies agricoles à normes ultramodernes à des producteurs paysans qui ne leur accordent pas de valeurs correspondantes. On crie à la non-rationalité des paysans et on les accuse de tous les maux alors qu'ils sont porteurs de valeurs et de rationalités différentes. Cette même observation est valable quand on subventionne ces mêmes paysans avec des normes bancaires modernes, en déphasage avec celles de leur communauté. Ceux qui connaissent les normes réelles de fonctionnement de la société vont saisir une autorité politique ou religieuse pour obtenir gain de cause, sans passer par les normes de gestion moderne de la banque. Ils détournent ainsi les normes modernes de la banque en activant les normes traditionnelles communautaires.

Le même phénomène est aussi visible si on définit des normes citoyennes modernes des institutions publiques, de gouvernance et de transparence alors qu'on élit, ou nomme des acteurs qui ne portent pas des valeurs correspondant à ces normes. Souvent, ces acteurs se réfèrent plus aux normes de leurs communautés (dahira, confrérie, ethnie, famille, parti politique, etc.) qu'à celles édictées par la loi. Heureusement ou malheureusement, ces communautés leur garantissent une certaine impunité.

Une approche de développement intégrant harmonieusement et de manière systémique les types (AOI, AdE et AdP), permet de mettre en place un système de développement adapté à l'épanouissement de la communauté. Mais, il faut que les activités soient planifiées dans le temps et dans l'espace. Il faut aussi que les acteurs aient une autonomie dans les domaines de développement personnel et qu'ils jouent pleinement leurs rôles en prenant en compte l'ensemble des six dimensions de l'environnement. La planification dans le temps peut se faire dans le court, moyen et/ou long terme et permet de se fixer des objectifs qui peuvent être redimensionnés en cours d'exercice. La planification dans l'espace (échelles d'action et d'analyse) peut concerner les niveaux local, national, régional et mondial. Leur prise en compte dans l'analyse permet une meilleure précision des objectifs. Mais, il ne faut pas oublier que toute planification doit faire l'objet de révision périodique.

CONCLUSION

Le « développement » aurait été et reste au centre des préoccupations de toute société humaine de façon consciente ou non. Au-delà de l'instinct de survie, l'homme a toujours cherché à améliorer la qualité de sa vie. Cette dernière s'est construite par la vie sociale nomade puis sédentaire entraînant la mise en place d'habitat, d'agglomérations, d'équipements et de voies de communication. À partir de la cueillette, elle s'est perfectionnée progressivement par la domestication des ressources (biologiques, aquatiques, énergétiques...), la production et la transformation des produits de consommation. Dans ce cas, le « développement » aurait débuté depuis que l'homme se fie à ses sensations, son intelligence et ses sentiments pour boire, se nourrir, se vêtir, évacuer des déchets, adorer, se loger, aimer, pour échanger et vivre en société. Pour réaliser ces activités de consommation et de « déchetisation », l'homme a dû cueillir, chasser, coloniser, domestiquer, localiser et délocaliser pour produire et transformer à son propre compte. Ainsi, le développement aurait connu plusieurs visages et acceptions dans le temps et dans l'espace en fonction des sociétés et de leurs environnements.

Pour mieux comprendre le système de production, d'accumulation et de répartition des biens, l'homme est allé au-delà des acceptions pour construire des théories. Ainsi, au 16e siècle, des penseurs « préclassiques » (mercantilistes et physiocrates) ont tenté de théoriser le fonctionnement économique de la société européenne. Ces théories préclassiques investissent aussi les dimensions sociopolitiques. Le mercantilisme sans pour autant être une véritable théorie économique, est témoin de la réorientation du système de développement en Occident. On passe du système précapitaliste au système capitaliste. Les écrits rendent compte qu'un nouveau système, qui formalise les acteurs (les entreprises sociétaires) et introduit la transparence (comptabilité), se met en place.

Les physiocrates qui sont pour un libre jeu économique et une libre circulation des richesses des acteurs, proposent une division naturelle des secteurs économiques (primaire, secondaire et tertiaire). Ils considèrent que la terre est la seule richesse et que pour être riche il vaut mieux être propriétaire que paysan ou industriel. Ce sont des économistes qui proposent des théories qui concernent le nouveau système de développement occidental caractérisé par la formalisation et la transparence. Toutes les autres théories économiques et plus tard de développement (néolibérales et néo-marxistes) suivantes vont s'inscrire dans une logique de renforcement de la performance du système de développement capitaliste.

Ainsi, les économistes classiques qui initièrent une véritable science économique, vont théoriser le marché (Smith) et les avantages comparatifs (Ricardo). Au-delà de l'économie, ces théories proposent une réorganisation des activités et touchent à la dimension socio-organisationnelle des communautés. La dimension sociale des communautés est aussi abordée à travers la relation entre l'harmonie sociale et l'égoïsme des individus (Smith). La dimension gestion des ressources naturelles aussi est traitée. Elles sont qualifiées d'inépuisable (Say) ou de précaire (Malthus).

Les théories économiques postclassiques après avoir reconnu d'emblée la valeur du capital et du travail, intègrent l'économie au social en proposant l'intervention de l'État pour mieux gérer cette intégration. Pour les théories néolibérales (Keynes), l'État doit intervenir sur la monnaie et la lutte contre le chômage afin de rendre plus efficace le cycle épargne-investissement. Mais pour les théories marxistes, ces mesures sont faibles car ignorant la force produite par le travail. Elles ne prennent pas aussi en compte la structuration de la société avec, d'une part, la superstructure (religion, droit, morale, idéologies, sciences) et d'autre part, la structure (outils de travail, rapports techniques et sociaux).

Dans les années 1940, la notion de développement fait irruption dans le système international. Plusieurs théories et pratiques vont se développer alors que le concept ne fait pas l'objet d'une conceptualisation consensuelle. Le rattrapage (technologique, économique et social) a été le maître mot des théories néolibérales, néo-marxistes ainsi que de leurs mesures réformistes et d'ajustements.

Pour les théories (modernisation, décollage, dualisme) néolibérales du rattrapage, l'accumulation du capital et l'industrialisation sont les principaux moteurs car ayant servi aux pays occidentaux à avoir une croissance et un développement soutenus au cours de l'histoire. C'est donc cette voie que devaient emprunter les PVD pour assurer leur développement. Selon ces théories du développement, ce processus d'accumulation du capital et d'industrialisation pouvait s'appliquer à tous les pays et à toutes les périodes. Ce courant orthodoxe est axé sur le rattrapage économique et technologique. Il considère que ce rattrapage entraînera le développement social (passage d'une société traditionnelle à une société de consommation). Pour arriver au rattrapage (économique, technique et social), le courant orthodoxe considère le développement comme un processus (de modernisation, d'industrialisation, d'intégration des secteurs) pour lequel il faut définir des stratégies d'accélération.

Pour les théories (structuralisme, dépendance latino-américaine, dépendance africaine) néo-marxistes du rattrapage, le souci de réduire la pauvreté et les inégalités doit être au centre du développement. Les théories néo-marxistes reposent sur des observations empiriques des sociétés des pays sous-développés. Elles identifient les obstacles, caractérisent les relations entre le développement et le sous-développement avant de proposer des changements politico-structurels profonds et un développement autocentré (augmenter le pouvoir d'achat des populations, adapter l'emploi et le salaire, lutter contre le chômage, atteindre l'autosuffisance alimentaire). Les théories néo-marxistes, aussi dénommées courant hétérodoxe, sont axées sur la dimension sociopolitique. Les progrès économique et technologique doivent être au service du développement social. Cependant, le courant hétérodoxe n'insiste pas sur le processus de développement. Il propose plus des mesures rectificatives que des piliers stratégiques.

À l'analyse, il apparaît que les théories économiques libérales (mercantiliste, physiocrates, classique et néoclassique) et de développement néolibéral (décollage, dualisme, ajustement, émergence), d'une part, constituent avec les théories marxistes et de développement néo-marxistes (structuralisme, dépendance latino-américaine, dépendance africaine), d'autre part, les deux faces de la même médaille. Ce sont toutes des théories du même et unique système capitaliste dont elles se disputent la légitimité. Les théories libérales et néolibérales ont les faveurs des sociétés politiques (gouvernants) et financières (banquiers). À ce titre, elles sont mises en œuvre avec leurs atouts et leurs limites. Les théories néo-marxistes identifient rapidement ces limites et les dénoncent à travers le mouvement altermondialiste porté par la société civile.

Mais toutes ces théories (néolibérales et néo-marxistes) ont eu fondamentalement pour objet l'environnement social (dimensions économique, sociale et politique) de l'homme, avec comme pilier de base la dimension technologique. L'homme et son environnement physique (ressources naturelles) n'ont pas été considérés comme objet de développement. Ils ont été considérés comme facteurs (les deux) et comme bénéficiaire (homme) du développement. Cette perspective a permis l'expansion des limites du système de développement capitaliste.

Ces limites concernent, d'une part, la faiblesse de la prise en compte de l'homme entraînant la pauvreté et, d'autre part, le gaspillage des ressources naturelles au-delà de la capacité de leur régénération optimum. Les tentatives de rectification à travers les combinaisons (*Femme et développement, Éducation et développement, Santé et développement, Genre et développement, environnement et développement)* ont permis la naissance des concepts de développement humain et de développement durable.

Les théories post-développement (développement humain et développement durable) tentent un recentrage du développement sur l'utilisation optimale des ressources humaines et naturelles. Elles identifient les cibles du développement que sont l'homme et son environnement. On pourrait assister ici à la construction d'un nouveau système de développement si les résistances des théories néolibérales et des théories néo-marxistes se faisaient plus lâches. Mais il faudrait bien admettre que la transition entre les systèmes capitaliste et néo-capitaliste prendra un temps historique plus ou moins important comme l'a été celle entre les systèmes précapitaliste et capitaliste. Dans ce nouveau système, les progrès économiques et technologiques ne peuvent, dans l'absolu, caractériser le développement.

En termes de résultat au bout d'un demi-siècle, la mise en œuvre de ces théories a permis des croissances économiques plus ou moins erratiques et a créé des pays dits « émergents » dans un environnement dominé par des pratiques de mondialisation des nations qualifiées de « développées ».

Au niveau des pratiques de terrain, le développement rural apparaît tantôt comme un résultat, tantôt comme un processus. Le développement, en tant que résultat, peut être considéré comme un état dynamique de bien-être (physique, social, émotif, économique, spirituel et intellectuel) de l'homme dans un environnement (physique et social), dont les dimensions (technologique, économique, sociale, politique, cultuelle et durable), sont en équilibre dynamique. Il existe fondamentalement une interaction entre les valeurs de l'homme et les normes de son environnement. Le degré de prise en compte et d'intégration des valeurs de l'homme et des normes de l'environnement détermine les systèmes de développement.

Le développement, en tant que processus, se confond avec la conception, l'exécution et l'évaluation d'activités qui, dans leur mise en œuvre, doivent mener au développement intégral. Ainsi, les approches de développement peuvent résulter de ces différents types d'activités de développement ou être identifiées par la façon de les intégrer. Le développement des personnes et de l'environnement est obtenu grâce à la mise en œuvre des activités. Trois grands types d'activités qui ont pour objet le développement de l'homme (domaines) et celui de son environnement (dimensions) ont été identifiées : les activités d'appui infrastructurel et organisationnel (AIO), les activités d'éducation (AdE) et les activités de production (AdP). Le degré d'intégration de ces activités détermine les approches de développement, permettant de jeter les fondamentaux du développement d'un pays ou de maintenir le rythme en cours dans un autre pays. Fondamentalement, le développement se confond avec la culture (capitalisation des valeurs et normes) qui est constituée de l'ensemble des moyens par lesquels l'homme se gère et gère sa relation avec son environnement aussi bien physique que social ; immédiat et médiat. Ainsi, pour être opérationnelles, les réalisations du développement ne doivent pas ignorer l'ensemble des valeurs et normes des communautés cibles, alors que les conduites du développement doivent déterminer les degrés d'intégration des activités (AOI, AdE et AdP).

Qu'il soit processus ou résultat, chaque peuple constitue sa propre culture de développement, à travers les approches souvent renouvelées et se projette vers des systèmes toujours en reconstruction. Ainsi, l'on peut avoir plusieurs acceptions de la notion de développement :

- le développement en tant que réalité objective, mesurable et « matérialisable » (chaque communauté établissant des éléments neutres lui permettant de mesurer son niveau de développement) ;

- le développement en tant que réalité subjective, apprécié et approprié (chacun ayant sa perception du développement) ;

- la dialectique entre ces deux réalités.

Cette dialectique permet à chaque individu et communauté d'avoir ses propres paradigmes qui se sont construits dans le temps et dans l'espace. Elle relativise, quelque part, le développement et permet ainsi à chacun de trouver une zone de confort qui détermine son développement. Au-delà de la satisfaction quantitative des besoins, la sensation de bien-être et de bien-vivre est propre à l'individu et à sa société ; la qualité de vie étant relative. Elle est fonction des référentiels de valeurs (physique, émotionnelle, intellectuelle, spirituelle, économique, sociale) de chaque individu et de normes (technologique, politique, cultuelle, économique, sociale, durable) de son environnement. Les valeurs des individus sont en interaction constante avec les normes de l'environnement. Les influences sont constantes et vont dans les deux sens. Par exemple, si on importe des infrastructures et matériels dont les normes technologiques ou de gestion économique sont en déphasage avec les valeurs des individus, leur rentabilisation optimum ne sera qu'illusoire. Les valeurs et les normes rendent difficile la mesure consensuelle du développement. En effet, si certaines dimensions (économique, technologique...) se prêtent plus facilement à des systèmes de mesure (PIB, PNB, progrès technologique, productivité), d'autres (sociale, cultuelle...) sont difficilement mesurables et portent une forte dose de subjectivisme. Pourtant, il faut bien reconnaître qu'avec la notion de village planétaire, les normes et valeurs des communautés et individus sont en train progressivement de s'harmoniser mondialement. La richesse et la diversité en prennent un sacré coup.

La prise en compte des valeurs et normes ainsi que de l'intégration des activités de développement, détermine les visions et doit être repérable pour ne pas dire visible dans les plans, programmes et projets dits d'émergence ou de développement. En effet, toute action de développement qui dans son processus et ses objectifs (résultats attendus) néglige les interactions entre valeurs humaines et normes sociales construit en même temps les conditions de l'étalement de ses propres contradictions.

RÉFÉRENCES BIBLIOGRAPHIQUES

OUVRAGES

AMIN, Samir (1973). *Le développement inégal, essai sur les formations sociales du capitalisme périphérique*. Paris : Éditions de Minuit.

ANSART, Pierre (1990). *Les sociologies contemporaines*. Paris : Seuil, col. Points-Essais,

ARON, Raymond (1994). *Les Étapes de la pensée sociologique*. Paris : Gallimard, col. TEL.

BEITONE, A. et al., (2012). *Économie, Aide-mémoire*. Paris : Éditions Dalloz.

BELLONCLE, Guy (1979). *Quel développement rural pour l'Afrique noire ?* Paris : NEA.

BERTHELOT, Jean Michel (1992). *L'intelligence du social*. Paris : Presses universitaires de France.

BOUDON, Raymond (1998). *La place du désordre : Critique des théories du changement social*. Paris : PUF/Quadrige.

BOURDIEU, Pierre (1993). *La Reproduction : Éléments pour une théorie du système d'enseignement*. Paris : Seuil.

BRUNEL, Sylvie (2004). *Le développement durable*. Paris, PUF, coll. QSJ ?, 3° éd 2009.

CISSE, Samba Yacine (2008). *Politique et philosophie pour une éducation scolaire moderne*. Dakar : ISP.

Comité pour l'histoire économique et financière de la France, « Le Plan Marshall et le Relèvement économique de l'Europe », Colloque tenu à Bercy les 21, 22, 23, mars 1991, 1993, 840 p, (ISBN 2-11-087163-6).

CORCOUF, Philippe (1995). *Les nouvelles sociologies*. Paris : NATHAN.

CROUZET, François (2008). *La guerre économique franco-anglaise du* XVIIIe *siècle*. Paris : Fayard.

CROZIER, Michel et Erhard FRIEDBERG (1992). *L'Acteur et le système : Les contraintes de l'Action collective*. Paris : Seuil, col. Points-Essais.

DAHOU, Tarik (2004). *Entre parenté et Politique : Développement et clientélisme dans le Delta du Sénégal*. Paris : Karthala et ENDA Graf Sahel, col. Hommes et Sociétés.

DIOUF, Alioune, Moussa MBAYE, et Yann NACHTMAN (mars, 2001). *L'éducation non formelle au Sénégal : Description, évaluation et perspective*. Dakar : UNESCO.

DURKHEIM, Emile (2003, mars). *Éducation et sociologie*. Paris : PUF.

ECHAUDEMAISON, C. (1993). *Dictionnaires d'Économie et des Sciences Sociales*. Paris : Nathan.

FRANK, André Gunder (1970). *Le développement du sous-développement, l'Amérique latine*. Paris : Maspero.

FRIEDBERG, Erhard (1993). *Le Pouvoir et la règle : Dynamique de l'action organisée*. Paris : Seuil.

FURTADO, Celso (1976). *Théorie du développement économique*. Paris : PUF 2e éd.

GROSSMANN, Henryk (1975). *Marx, l'économie politique classique et le problème de la dynamique*. éd. Champ libre.

HAUSSMANN, R., L. PRITCHETT et D. RODRIK (2005) : "*Growth accelerations*", Harvard University.

HEILBRONER, Robert (2001). *Les grands économistes*. Paris : Nouvelle édition augmentée, Points Seuil.

KASSE, Moustapha (2013). *L'industrialisation africaine est possible, quel modèle pour le Sénégal ?* Paris : L'Harmattan.

KEYNES, John Maynard, *Théorie générale de l'emploi, de l'intérêt et de la monnaie*. Trad. fr. P. B. Payot.

LACOSTE, Yves (1959). *Les pays sous-développés*. Paris : PUF.

LAKROUM, Monique (1981). *Le travail inégal : paysans et salariés sénégalais face à la crise des années 30*. Paris : L'Harmattan.

MALTHUS, Thomas (1992). *Essai sur le principe de population*. Paris : Flammarion.

MBAYE, Moussa (2002, octobre). *Prémices et prémisses d'une nouvelle politique éducative : quelle place et quelle contribution pour la société civile*. Dakar : coll. : ENDA recherche action.

MINART, G. (2005). *Jean-Baptiste Say, Maître et pédagogue de l'École française d'économie politique libérale*. Éditions Charles Coquelin (ISBN 2-91590-902-4) [présentation en ligne].

NDIAYE, Amadou (2013, novembre). *L'agriculture sénégalaise de 1958 à 2012 : analyse systémique et prospective*. Paris : L'Harmattan, collection : Études Africaines.

NDIAYE, Malick (1996). *L'Éthique Ceddo et la société d'accaparement : ou les conduites culturelles des Sénégalais d'aujourd'hui : Le Goorgi*. Dakar : PUD, tome 1.

NDIAYE, Malick (1998). *L'Éthique Ceddo et la société d'accaparement : ou les conduites culturelles des sénégalais d'aujourd'hui : Le Moodu-Moodu ou l'Ethos du développement au Sénégal*. Dakar : PUD tome 2.

NIEHANS, Jürg (1990). *A History of Economic Theory: Classic Contributions, 1720-1980*. Baltimore : Johns Hopkins University Press.

OLIVIER DE SARDAN, Jean Pierre (1995). *Anthropologie et développement. Essai en socio-anthropologie du changement social*. Paris : Khartala.

PEEMANS, Jean Philippe (2002). *Le développement des peuples face à la modernisation du monde : essai sur les rapports entre l'évolution des théories du développement et les histoires du « développement réel » dans la seconde moitié du XXe siècle*. Population et Développement N° 10, Louvain la neuve/Paris : Académia-Bruylant/l'Harmattan.

PICHET, Éric (2004). *David RICARDO, le premier théoricien de l'économie*. Les éditions du siècle.

RIST, Gilbert (2013). *Le développement. Histoire d'une croyance occidentale*. Paris : Presses de Sciences Po, coll. « Monde et sociétés » 511 p. 4ème édition revue et augmentée.

ROBERT, Anne Cécile (2004). *L'Afrique au secours de l'occident*. Paris : Les éditions de l'atelier.

RONCAGLIA, Alesandro (2006). T*he Wealth of Ideas*. Cambridge.

ROSTOW, W. (1963). *Les étapes de la croissance économique*. Paris : Le Seuil.

SAY, Jean Baptiste (1803). *Traité d'économie politique ou simple exposition de la manière dont se forment, se distribuent et se composent les richesses*.

SCAMMEL, William Mc (1980). *The International Economy since 1945*. London, Macmillan.

SEN, Amartya (2000). *Un nouveau modèle économique, Développement, Justice, Liberté*. Paris : O. Jacob.

SMITH, Adam (1995). *Recherche sur la nature et les causes de la richesse des nations, 1776*. Paris : PUF coll. « Pratiques théoriques », 1512 p. (ISBN 978-2-13-047181-3, présentation en ligne)

TOURAINE, Alain (1984). *Le Retour de l'acteur : Essai de Sociologie*. Paris : Fayard.

ARTICLES ET COMMUNICATIONS

BOLGER, Joe (2000, mai). « Le développement des capacités : sa raison d'être, sa nature et ses modalités » in *document hors-séries vol 1*, Québec : ACDI.

BUCHANAN, J. M. et Tullock GORDON (eds). (1984). *Mercantilism*, in *The Theory of Public Choice II*. The University of Michigan Press : Ann Arbor.

GREGOIRE, Emmanuel (1987). « Le discours à l'épreuve du terrain ou l'intervention d'une ONG en milieu rural africain » in *Terrain et perspectives*. Paris : Édition ORSTOM Leydé.

NKOLL Joachim (2006). « L'éducation non formelle des adultes : entre qualification formelle et compétences » in *Éducation des adultes et développement, Institut de coopération international de la confédération allemande pour l'éducation des adultes N° 66*.

OLIVIER DE SARDAN, Jean Pierre (1987). « Rapports de production, mode d'actions économiques et logiques sociales : quelques interrogations ». in *terrain et perspectives* : Paris : Éditions ORSTOM Leydé.

REDFIELD, Robert (1956). *Peasant society and culture*. Ithaca : Cornell University Press.

ROBINAU, Claude (1987). « Le développement comme Objet scientifique » in *Terrain et perspectives*, Éditions ORSTOM Leydé.

SENGHOR, Jean Pierre (11/09/01). « La notion de développement, Contribution » in *le soleil* (9385).

SOLOW, Robert M. (1988). « La théorie de la croissance et son évolution » *Revue française d'économie,* Programme National Persée, vol. 3(2).

SOLOW, Robert M. (1956). « *A Contribution to the Theory of Economic Growth* », *Quarterly Journal of Economics*, vol. 70, (1). (consulté en ligne).

DOCUMENTS ET RAPPORTS OFFICIELS

DAFFE, Bakary, *Le régime juridique de la micro-entreprise*. Cabinet BD CONSULTING, non daté.

PNUD (2005). Rapport mondial sur le développement humain. NU Washington.

PNUD (1987). *Notre avenir à tous*. in Rapport de la Commission mondiale sur l'environnement et le développement (le Rapport Brundtland), NU, Washington.

RÉPUBLIQUE DU SÉNÉGAL, Plan quadriennal de développement économique et social du Sénégal 1961 – 1964.

RÉPUBLIQUE DU SÉNÉGAL (1984). Ministère du Développement Rural, Nouvelle politique agricole. Dakar.

MÉMOIRES ET THÈSES

BA, Marie (1994, janvier). *La Condition paysanne dans le Développement agricole du Sénégal 1970-1990.* Mémoire de maîtrise, Montréal Université du Québec, 112 pages.

BEDARD, Georges (1983). *Self-reliance : l'exogène et l'endogène dans un Co-développement. Introduction sur les études de cas en Afrique sub-saharienne*. Thèse de doctorat, EHEES.

DIA, Ibrahima (1988, mai). *Sociologiques et écologie dans la problématique des aménagements hydro-agricoles dans la moyenne vallée du fleuve Sénégal (Rive gauche).* Thèse de Doctorat 3ème cycle, Dakar-UCAD.

DIALLO, Ibrahima (1975). *Modernisation agricole et changements sociaux : Les conditions de vie des paysans des terres irriguées de l'office du Niger au Mali.* Thèse de Doctorat d'État.

NDIAYE, Amadou (2013). *Intervention pour le développement rural, conceptualisation à partir des pratiques dans la Vallée du Fleuve Sénégal.* Thèse de socio-économie rurale, UGB.

TANDIAN, Hadiya (2008, août). *La gestion paysanne des aménagements hydro-agricoles dans le delta du fleuve Sénégal. Problématique du transfert des aménagements hydro-agricoles : De la gestion publique (État) à la gestion privée (Organisation paysanne).* Thèse de troisième Cycle à l'Université Gaston Berger de Saint-Louis.

WEBOGRAPHIE

http://anticapitaliste.wikia.com/wiki/%C3%89conomie_politique

http://www.memoireonline.com/05/12/5895/La-problematique-de-laide-financiere-internationale-dans-le-developpement-des-etats-du-tiers-m.html

http://fr.wikipedia.org/wiki/Histoire_de_la_pens%C3%A9e_%C3%A9conomique

http://fr.wikipedia.org/wiki/Physiocratie

http://fr.wikipedia.org/wiki/Avantage_absolu

http://www.oeconomia.net/private/recherche/dupuitgide2001.pdf

http://fr.wikipedia.org/wiki/Walt_Whitman_Rostow

http://www.persee.fr/web/revues/home/prescript/article/ofce_0751-6614_1994_num_49_1_1365

http://terangaweb.com/samir-amin-et-le-developpement-autocentre-2eme-partie/

http://www.muleta.org/muleta2/rechercheTerme.do?critere=&pays=fra&pager.offset=100&fi_id=510

http://www.assemblee-nationale.fr/rap-info/i1963.asp

http://fr.wikipedia.org/wiki/D%C3%A9veloppement_%C3%A9conomique_et_social

http://www.etatdumonde.com/touslespaysdumonde/index.html : Michel BEAUD, « Environnement et développement : la montée des risques planétaires »

http://anticapitaliste.wikia.com/wiki/%C3%89conomie_politique

http://fr.wikipedia.org/wiki/%C3%89conomie_du_d%C3%A9veloppement

http://en.wikipedia.org/wiki/Gunnar_Myrdal

http://fr.wikipedia.org/wiki/Mod%C3%A8le_de_Solow

https://fr.wikipedia.org/wiki/Robert_Solow

TABLE DES MATIÈRES

Deuxième partie

Les théories du développement

TROISIÈME PARTIE

ACCOMPLISSEMENTS ET MESURES D'ACCOMMODATIONS

QUATRIÈME PARTIE

PRATIQUES DE DEVELOPPEMENT À LA BASE
ET PERSPECTIVES THEORIQUES

L'HARMATTAN ITALIA
Via Degli Artisti 15; 10124 Torino
harmattan.italia@gmail.com

L'HARMATTAN HONGRIE
Könyvesbolt ; Kossuth L. u. 14-16
1053 Budapest

L'HARMATTAN KINSHASA
185, avenue Nyangwe
Commune de Lingwala
Kinshasa, R.D. Congo
(00243) 998697603 ou (00243) 999229662

L'HARMATTAN CONGO
67, av. E. P. Lumumba
Bât. – Congo Pharmacie (Bib. Nat.)
BP2874 Brazzaville
harmattan.congo@yahoo.fr

L'HARMATTAN GUINÉE
Almamya Rue KA 028, en face
du restaurant Le Cèdre
OKB agency BP 3470 Conakry
(00224) 657 20 85 08 / 664 28 91 96
harmattanguinee@yahoo.fr

L'HARMATTAN MALI
Rue 73, Porte 536, Niamakoro,
Cité Unicef, Bamako
Tél. 00 (223) 20205724 / +(223) 76378082
poudiougopaul@yahoo.fr
pp.harmattan@gmail.com

L'HARMATTAN CAMEROUN
BP 11486
Face à la SNI, immeuble Don Bosco
Yaoundé
(00237) 99 76 61 66
harmattancam@yahoo.fr

L'HARMATTAN CÔTE D'IVOIRE
Résidence Karl / cité des arts
Abidjan-Cocody 03 BP 1588 Abidjan 03
(00225) 05 77 87 31
etien_nda@yahoo.fr

L'HARMATTAN BURKINA
Penou Achille Some
Ouagadougou
(+226) 70 26 88 27

L'HARMATTAN SÉNÉGAL
10 VDN en face Mermoz, après le pont de Fann
BP 45034 Dakar Fann
33 825 98 58 / 33 860 9858
senharmattan@gmail.com / senlibraire@gmail.com
www.harmattansenegal.com

L'HARMATTAN BÉNIN
ISOR-BENIN
01 BP 359 COTONOU-RP
Quartier Gbèdjromèdé,
Rue Agbélenco, Lot 1247 I
Tél : 00 229 21 32 53 79
christian_dablaka123@yahoo.fr

Achevé d'imprimer par Corlet Numérique - 14110 Condé-sur-Noireau
N° d'Imprimeur : 124637 - Dépôt légal : décembre 2015 - *Imprimé en France*

www.ingramcontent.com/pod-product-compliance
Lightning Source LLC
LaVergne TN
LVHW011019061026
849535LV00006B/1959